**GOLDMANN
ESOTERIK**

W0180403

In 22 Dialogen wird die Geschichte von Wingate Paine und dem Geistwesen Emmanuel, das über einen sogenannten »Channel« spricht, aufgezeichnet. Diese Gespräche haben zwei wesentliche Themen: Das eine ist die spirituelle Entwicklung des Autors, das andere die immer enger werdende Freundschaft zwischen Mensch und Geistwesen. Es ist eine Freundschaft zwischen zwei durchaus gleichwertigen Partnern, die sich mit liebevollem Spott begegnen. Auch wenn Emmanuel seinen Autor Wingate Paine in gewisser Weise anleitet, bleibt der Autor doch immer selbstbestimmt.

Darüber hinaus ist das Buch die bemerkenswerte Erfahrung eines Menschen im Angesicht außergewöhnlicher spiritueller und körperlicher Herausforderungen. Wingate Paine lernt von Emmanuel sein »Mensch-Sein« anzunehmen. Er akzeptiert die Unzulänglichkeiten seines Körpers und findet durch geistiges Wachstum zu einem sinnvollen Verständnis seiner Krebserkrankung.

Wingaite
PAINE

Der Weg zum Selbst

Gespräche mit dem
unsichtbaren Freund Emanuel

*Aus dem Amerikanischen übertragen
von Micheline Rampe*

GOLDMANN VERLAG

Originaltitel: The Book of Surrender
Originalverlag: Prentice Hall Press, New York

Deutsche Erstveröffentlichung

Der Goldmann Verlag
ist ein Unternehmen der Verlagsgruppe Bertelsmann

Made in Germany · 8/89 · 1. Auflage
Genehmigte Taschenbuchausgabe
© 1987 by Communion of Souls Foundation
Umschlaggestaltung: Design Team München
Umschlagillustration: Günter Vierow,
Mit freundlicher Genehmigung entnommen aus dem Buch
»Wie Erde und Wind«, Hermann Bauer Verlag, Freiburg
Satz: Fotosatz Glücker, Würzburg
Druck: Elsnerdruck, Berlin
Verlagsnummer: 11886
Lektorat: Brigitte Leierseder-Riebe
Redaktion: Erna Tom
Herstellung: Ludwig Weidenbeck
ISBN 3-442-11886-7

Inhalt

Vorwort

Das ist die Geschichte eines ungewöhnlichen Mannes. Seine Vorfahren waren mit der Mayflower nach Neu-England gekommen. Die Familie hatte eine lange Tradition im Bankwesen, in der Politik und Rechtsprechung. Wingate selbst war Absolvent von Andover und Yale. Im Alter von dreißig Jahren gab er eine vielversprechende Karriere als Geschäftsmann auf, um Fotograf zu werden. Schon sechs Monate nachdem er seine erste Kamera gekauft hatte, begann sein schneller Aufstieg an die Spitze, wo er sich zwanzig Jahre lang behauptete. Er war mehrfacher Gewinner internationaler Auszeichnungen, ein von ihm herausgegebenes Fotografie-Buch wurde zu einem zeitgenössischen Klassiker.

Mit seiner Frau und seinen zwei Kindern lebte er in einer Wohnung in der Fifth Avenue, in der zeitweise alle drei Kamine gleichzeitig brannten. Die Sommer verbrachte er in einem versteckt gelegenen Haus an einem See in Connecticut. Er fuhr einen roten Jaguar XJ und für formelle Anlässe einen Lincoln Continental Mark IV. Er hatte eine Loge in der Metropolitan Opera, eine zweite in der Carnegie Hall. Er trug maßgeschneiderte Anzüge und besaß einen Weinkeller, in dem die besten Weine lagerten. Er war bekannt dafür, daß er gelegentlich ein verlängertes Wochenende im Ritz in Paris oder im Claridges in London verbrachte und zu besonderen Anlässen ein Streichquartett des American Symphony Orchestra in seinem Wohnzimmer Mozart spielen ließ.

Von einem Tag auf den anderen gab er alles auf.

Ich begegnete Wingate zum ersten Mal im Frühjahr 1972. Die Andromedabüsche und Birken in seinem Dachgarten standen in Blüte, und durch sein Studio zog der Klang tibetischer Glöckchen. Wingate flößte mir Angst ein. Seine buschigen Augenbrauen und der entschlossene Zug um seinen Mund brachten mir seinen Spitznamen »Tyrannosaurus Rex« in Erinnerung. Seine durchdringenden blauen Augen hatten mich mit der Geschwindigkeit eines Kameraverschlusses erfaßt.

Trotzdem war etwas Verletzliches an ihm. Ich bemerkte ein Gefühl von Verlegenheit, das ihn trotz seines strengen Äußeren umgab. Er war einer dieser starken Menschen, die ihre Begabungen nutzen konnten, um ihr Leben nach den eigenen Vorstellungen zu gestalten; doch als er seine Träume verwirklicht hatte, erkannte er, daß sie ihm nicht das gegeben hatten, was er geglaubt hatte zu suchen.

Allmählich erkannte ich, daß es keine Verlegenheit gewesen war, die ich bei ihm gespürt hatte. Es war eher ein sanftes inneres Licht, das darum kämpfte, durch die Enge des ungeheuer erfolgreichen Lebens, das er sich geschaffen hatte, hindurchzuscheinen. So wie er das Gebäude seines Erfolges errichtet hatte, begann er es nun ausdauernd Stein für Stein wieder abzutragen, um ein neues Leben für sich zu finden. In einem Alter, in dem die meisten Menschen seinesgleichen nach Palm Beach ziehen oder Kreuzfahrten um die Welt antreten, machte er sich auf die Pilgerschaft zu einer höheren Wahrheit.

Er hatte sich bereits mehrere Jahre mit Meditation beschäftigt und Seminare über Bewußtseinserweiterung abgehalten, als ein gemeinsamer Freund mich mit ihm bekannt machte. Er lud mich ein, sein Seminar zu besuchen, und schon bald meditierte ich mit ihm und seiner Gruppe. Allmählich entwickelte sich eine Freundschaft. Wingate gründete zu dieser Zeit ein Zentrum für spirituelles Wachstum, eine Art Schule für innere Wandlung, und wir gaben zusammen eine Zeitschrift über menschliches Bewußtsein heraus.

In den ersten Jahren unserer Beziehung durchlebte er einige, zum Teil selbstauferlegte, einschneidende Veränderungen. Er ließ sich scheiden, verließ seine Wohnung in der

Fifth Avenue, verkaufte sein Haus in Connecticut, seine Autos und seinen Wein. Zuletzt zog er in einen Ashram. Er hatte beschlossen, sein höheres Selbst zu finden. Auch wenn dies sicherlich nicht der einzige Weg zur Selbsterkenntnis war, den er hätte einschlagen können, so wollte er in einer Umgebung leben, in der optimale Veränderungen eintreten konnten. Das entbehrungsreiche Leben war ihm nicht gänzlich neu, denn im Zweiten Weltkrieg verließ er seine Familie und ging als Soldat zu den Marines*, wo er bis zum Hauptmann aufstieg.

Doch nun kämpfte er in einem neuen Krieg, einem inneren Krieg. Sein Zimmer im Ashram war nicht größer als eine Zelle. Die Ausstattung bestand aus einem purpurroten Teppich, einem Stuhl, einer kleinen Truhe und einem Bett. Dort wollte er herausfinden, wer er wirklich war und welchem Ziel er entgegenging.

Damals verstand ich nicht, daß es ein extremer Rückzug war, den ich bei ihm wahrgenommen hatte, und ich verlor ihn aus den Augen.

Fünf Jahre vergingen, bevor wir uns wieder trafen. Ich hatte gehört, daß er den Ashram verlassen hatte und ein spiritueller Lehrer geworden war. Ich suchte ihn und seine Gruppe bald wieder regelmäßig auf.

Einige wenige Überreste aus seinem alten Leben waren in das Zentrum gebracht worden: ein Polstersessel, ein Marmortisch, ein Gemälde. Er schien mit sich selbst im reinen, glücklicher und sicherer über seinen Weg als Mensch und spiritueller Lehrer. Doch trotz seines neugefundenen Selbst hatte ich den Eindruck, als sei er noch immer auf der Suche. Obwohl das innere Licht an die Oberfläche gedrungen war, ihn weicher, gütiger und mitfühlender gemacht hatte, suchte er noch immer nach Antworten oder vielleicht einem Lehrer, der ihm größeres Wissen bringen würde.

Diese Möglichkeit bot sich im Herbst 1977. Er war nach Westport, Connecticut, eingeladen worden, um den Chan-

---

* Marines = Seetruppen

nel* eines Geisteswesens namens Emmanuel zu treffen. Er ging aus Neugier und scheinbar nur für eine einzige Sitzung hin. Zu seiner Verblüffung fand er in diesem Wesen von »der anderen Seite« einen gütigen Freund und seinen nächsten Lehrer. Es kam wieder und wieder zu Gesprächen und das für die Dauer von sechs Jahren.

Im Januar 1983 nahm ich meine berufliche Verbindung mit Wingate wieder auf und half ihm, die Veröffentlichung von »Tilling the Soul« vorzubereiten, einem Buch über zeitgenössisches spirituelles Wissen und spirituelle Übungen, an dem er zehn Jahre lang gearbeitet hatte. In dieser Zeit überließ er mir mehrere Tonbandaufnahmen von Gesprächen mit Emmanuel, um die Möglichkeit zu prüfen, einige Passagen für »Tilling the Soul« zu übernehmen. Ich war sofort durch die Qualität der Dialoge beeindruckt. Auf sehr natürliche Weise erzählten sie die Geschichte eines Suchenden, der seinem Lehrer begegnet war und davon, wie dieser Lehrer den Suchenden Schritt für Schritt bis zu der letzten Lektion führt, der Hingabe an den Willen Gottes.

Es war eine bemerkenswerte Geschichte, die Verwandlung dieses Menschen durch immense spirituelle und körperliche Herausforderungen, sein Kampf mit dem Krebs, den er mit Hilfe von Emmanuels beständiger Ermutigung überwand. Es wurde noch ungewöhnlicher und überraschender dadurch, daß ich davon ausgehen mußte, diese außerordentliche Führung sei von einem körperlosen Wesen gekommen, und gewöhnlich schenke ich Geistern aus dem Jenseits wenig Glauben. Doch als ich die Manuskripte zum wiederholten Male las, fühlte ich mich zu diesem Geistwesen mit Namen Emmanuel immer stärker hingezogen. Seine warme, vornehme Art, die bisweilen wunderbar humorvoll wie auch altmodisch war, wie die eines Dichters aus einer anderen Zeit, gaben mir das Gefühl der Gegenwart eines

---

* Übersetzung des engl. Channel (dt. Kanal); der betreffende Mensch erreicht durch Ausschalten des eigenen Bewußtseins, z. B. durch Trance, daß er Informationen aus höheren geistigen Quellen oder anderen Bewußtseinsdimensionen erhält.

wirklichen Freundes. Doch vor allem waren es seine Worte, von denen ich mich immer wieder angezogen fühlte, aus beruflichem wie auch aus persönlichem Interesse heraus, die jedesmal eine Bereicherung und Erneuerung für mich waren.

Einer der rätselhaftesten Aspekte dieser Sammlung von 22 Dialogen, den ich für mich noch immer nicht zufriedenstellend geklärt habe, ist die Kontinuität der Gespräche von Sitzung zu Sitzung, so als wäre dazwischen keine Zeit vergangen. Das an sich ist schon verwunderlich, denn es kamen bis zu sechs Menschen täglich zu dem Channel und das fünf Tage in der Woche, was bedeutet, daß Tausende anderer Menschen im Laufe dieser sechs Jahre mit Emmanuel kommuniziert haben.

Ich erinnere mich nicht mehr, wie die Idee für dieses Buch entstanden ist oder woher der Titel kam. Ich weiß nur noch, daß, als ich Wingate das erste Mal vorschlug, aus den Dialogen ein Buch zu machen, er äußerst widerstrebend reagierte, denn er hielt die Gespräche für zu persönlich. Doch er kannte besser als ich den Reichtum der Belehrungen Emmanuels, und weil er glaubte, daß sie auch anderen helfen würden, stimmte er schließlich meinem Vorschlag zu.

Auch wenn das die Geschichte der Entwicklung eines Menschen vom Pilger zum Lehrer und Heiler, vom einfachen Mann zum Mann Gottes ist, so ist es zugleich auch die Geschichte eines jeden von uns – die Geschichte all derer, die sich schon einmal gefragt haben, wer sie wirklich sind und was sie tatsächlich sein könnten, und die es gewagt haben, sich auf den Weg zu machen, um eine Antwort auf diese große Frage zu finden.

Allen Richards

28. Oktober 1977

An einem klaren, sonnigen Oktobermorgen fuhr Wingate den Merritt Parkway hinauf zu einem Haus in einer ruhigen Straße in Westport, Connecticut.

Eine lebhafte, kräftige Frau empfing ihn an der Tür und führte ihn in einen angenehmen kleinen Raum. Die einzigen Möbel waren zwei sich gegenüberstehende Stühle und ein niedriger Tisch, auf dem ein Kassettenrecorder lag. In einer Ecke des Raumes stand eine große Pflanze. Hier sollte Wingate die nächste Stunde verbringen, in der er eine der üblichen spiritistischen Sitzungen erwartete.

Emmanuel: Guten Morgen, mein Freund. Ich freue mich sehr, Dich wieder zu treffen. Vermutlich überrascht es Dich, doch wir haben uns in früheren Leben gekannt, und dieses Treffen heute ist das Ergebnis einer Vereinbarung, die wir beide vor langer Zeit getroffen haben.

Du hast in den letzten Jahren einen weiten und bisweilen sehr beschwerlichen Weg zurückgelegt, doch nun bist Du dem ersehnten Ziel, dem Kosmischen Bewußtsein, sehr nahe gekommen. Ich weiß, daß Du Dein Ziel noch in diesem Leben erreichen wirst.

Während Deiner Meditationen hast Du bestimmt schon die Geistwesen wahrgenommen, die mit Dir sind. Sicher hast Du auch ihre stärkende Wirkung verspürt und begonnen, den Nutzen aus ihrer Hilfe zu ziehen, die Dir schon immer zur Verfügung stand.

Dich beschäftigt jetzt die Frage, welchen Weg Du einschlagen sollst, ob den eines Heilers, den eines Verkünders der Wahrheit oder vielleicht einen Weg dazwischen, der beide verbindet und Deiner Einzigartigkeit am besten entspricht.

Deine Liebe zu den Menschen ist sehr schön, und in ihr liegt in der Tat eine starke heilende Kraft. Trotzdem ist Dein Wunsch, Heiler zu werden, nicht ganz so stark wie dieses zweite drängende Bedürfnis, tief in Deinem Innern, das Dir deutlich macht, daß der Körper lediglich die äußere Manifestation des Spirituellen ist und das Heilen daher auf mehreren Ebenen erfolgen muß. Diese Zeichen, die Du empfängst und in Zukunft, wenn Du auf Deinem Weg voranschreitest, noch weit häufiger empfangen wirst, werden die wesentlichen Elemente Deiner spirituellen Arbeit sein. Doch die Tatsache, daß alles, was zu sagen oder zu schreiben Du den Drang verspüren wirst, in sich eine heilende Kraft enthält, nimmt Dir nicht das Recht, Deine Hände auf den Körper eines leidenden Mitmenschen zu legen, wenn Du den Wunsch danach deutlich spürst.

Du bist mit einer Fülle hoch entwickelter Begabungen und Fähigkeiten und einem ungeheuren Wissensschatz in diese Inkarnation getreten, beides kannst Du nun zum Wohle Deiner Aufgabe und der Entwicklung Deiner eigenen Seele zu einem Zweck verbinden. Diese Verbindung wird nicht nur diesem Zweck, sondern auch Deinen Fähigkeiten zugute kommen. Nun ist der Punkt in der Entwicklung Deines Bewußtseins erreicht, an dem reines Dienen möglich ist, und das heißt, daß Du Dich dem Ende Deines Reinkarnationszyklus näherst. Ich nehme an, diese Nachricht freut Dich.

Wingate: Ja, sehr. Ist es in Ordnung, wenn ich so direkt zu Dir spreche, wie ich es gerade tue?

E: Selbstverständlich. Wir haben hier kein starres Protokoll. Sieh in mir jemanden, der mit Dir im Universum eins ist, und sprich ohne Scheu zu mir, denn wir sind alle Bewohner der gleichen Wirklichkeit. Es ist nicht nötig, daß Du dieses Gespräch als Wunder auffaßt.

W: Dann möchte ich Dich gern fragen, wie sich dieses Zentrum, das ich habe und in das ich während der letzten Jahre so viel Energie investiert habe, in diese wunderbaren Dinge, von denen Du gesprochen hast, einfügt. Mir scheint es damit nicht recht weiterzugehen, und das bricht mir das Herz.

E: Der Grund dafür, daß Du das Gefühl hast, der Fluß der Energie sei Dir nicht wohlgesonnen, liegt darin, daß Du unwissentlich die Ausdrucksmöglichkeiten Deiner Energie beschränkt hast. Die äußeren Manifestationen im Leben eines Menschen sind immer ein untrügliches Anzeichen für die Beschränkungen, die im Inneren bestehen. Du bist vorsichtig und scheust davor zurück, den Bereich Deiner Tätigkeiten auszudehnen. Auch wenn es sehr angenehm ist, in einer Welt von überschaubarer Größe zu leben, so unterschätzt Du doch Deine Bedeutung, wenn Du Dich auf einen so kleinen Bereich beschränkst.

Du mußt Dir Deiner göttlichen Seite bewußt werden. Du bist nicht nur auf dem Weg zu Deiner eigenen Verwirklichung, sondern Du hilfst auch anderen auf ihrem Weg dorthin. Angesichts dieser göttlichen Aufgabe erscheint es töricht, sich um die Zukunft Deines Zentrums zu sorgen. Vertraue so sehr, wie es Dir möglich ist, auf das Wissen um Dein Höheres Selbst, um Deine Seele, und laß diesen Aspekt Dich in Deiner physischen Realität leiten. Du erreichst das in der Meditation, wie Du weißt, doch wenn die Meditation beendet ist, mußt Du die Tür zu Deiner Höheren Weisheit offenlassen, so daß Du sie ununterbrochen empfangen kannst. In dem Maße, in dem Dein Glauben stärker wird, wirst Du feststellen, daß Du kein Bedürfnis mehr nach Kontrolle haben wirst, daß alles im Fluß sein wird, und auch Du wirst zu Deiner Freude und zu Deinem Wohl zusammen mit allem im Fluß sein.

W: Ich bin etwas beunruhigt und verwirrt über Deinen Vorschlag, meinen Tätigkeitsbereich auszudehnen. Zum einen weiß ich nicht, welche Richtung ich einschlagen soll – das ist der verwirrende Teil –, der beunruhigende Teil besteht darin, daß ich das Gefühl habe, es ist Zeit für mich, viel allein zu sein, um herauszufinden, was ich wirklich weiß, so wie Thoreau, der eine Menge gelernt hat, »indem er ausgiebig Concorde* bereiste«. Dieser Gedanke hat mir immer gefallen, obwohl man natürlich auch lernen kann, wenn man die Welt bereist, und vielleicht habe ich es mit dieser Concorde-Idee etwas übertrieben.

E: Es war schon immer notwendig und wird auch weiterhin notwendig sein, in seinem Innern nach eigenen Wahrheiten und Erkenntnissen zu suchen. Wie Du weißt, ist das der einzige Ort, an dem man sie finden kann, doch Dein Widerwillen, in unbekannte Bereiche vorzudringen oder in solche, die Du Dir nicht ausgesucht hast, ist ein Zeichen dafür, daß Du das Gefühl hast, dort nicht sicher zu sein. Eine kleine überschaubare Welt ist in der Tat angenehmer, schon wegen des Gefühls der Kontrolle, das sie Dir gibt. Diese Furcht mußt Du auf jedem Schritt Deines Weges herausfordern, während Du das innere Licht berührst und unerschütterlich an Deine göttliche Führung glaubst.

W: Vor kurzem habe ich einige meiner Einsichten und Erkenntnisse, zusammen mit einigen Übungen, die ich verwende, notiert, in der Absicht, vielleicht eines Tages ein Buch daraus zu machen, das ich »Tilling the Soul« nennen wollte. Es könnte eine Hilfe für diejenigen sein, die als Schüler zu mir kommen. Ich frage mich, ob das nicht auch ein Weg sein könnte, um mehr Menschen zu erreichen, so wie Du es mir vorgeschlagen hast.

---

* Concorde, New Hampshire, USA.

16

E: Gewiß kann es das sein. Dein Schreiben – und es ist nicht das letzte Buch, das Du schreiben wirst – wird, wenn Du Dich so entscheidest, in der Zukunft gewaltige Ausmaße annehmen und ein wichtiger Teil Deiner spirituellen Arbeit sein. Es wird Menschen zu Dir führen, die von Dir und Deinem durch göttliche Eingebung vermittelten Wissen, das in Deinem Schreiben zum Vorschein kommt, lernen wollen.

W: Werde ich meine Lehrtätigkeit in New York fortsetzen, oder werde ich in einen anderen Teil des Landes ziehen?

E: Verzichte darauf, die Zukunft erfahren zu wollen, und laß Dich in Deinem Leben von den göttlichen Kräften leiten. Sobald man sich einem Leben des Dienens verschrieben hat, ist der klügste und nützlichste Schritt der, sein Leben der göttlichen Führung zu überlassen.

Du hast Dein Leben dem Dienen geweiht, mein Freund, Du hast die Schwelle zu einem Raum überschritten, in dem Du ein Channel für die Göttliche Weisheit sein möchtest. Jetzt bist Du in Dir der Sorge begegnet, Du könntest hier nicht sicher aufgehoben sein, und es könnte unter Umständen gar nichts geschehen. Überwinde diese Sorge und laß die Energien einfach durch Dich hindurchfließen. Du hast Dich entschieden, mit den Göttlichen Energien zu fließen, wie kannst Du dann wissen, wo Du gebraucht wirst? Du kannst lediglich den Eingebungen Deines sich immer weiter öffnenden Herzens folgen und darauf vertrauen, daß das, was immer Dir Deine Intuition rät, sich letztlich als das Beste herausstellen wird.

W: Das wäre schön, doch ich habe das Gefühl, daß meine Intuition ziemlich wenig entwickelt ist, und ich frage mich, ob es Dir etwas ausmachen würde, an ihre Stelle zu treten, wenigstens für eine Weile.

E: Deine Intuition ist weiter entwickelt, als Du annimmst. Deine Intuition ist eine reine Eingebung, und es ist Dein menschlicher Verstand, der sich dieser Eingebung bemächtigt hat und ihr seine Energie entzieht.

W: Das ist alles so neu für mich und auch etwas frustrierend, denn ich bin mir nie sicher, ob es meine Intuition ist, die mich leitet oder etwas anderes.

E: Es ist immer schwierig, wenn man erst anfängt die Stimme der eigenen Intuition zu hören, dieser Stimme auch zu vertrauen, nachdem lange Zeit nur die Stimme des eigenen Willens zu hören war. Wenn ich davon spreche, wie wichtig es ist, auf die Intuition zu hören, so spreche ich damit auch von der Verantwortung, Deine Intuition zu reinigen und sie von den kontrollierenden Interessen Deines bewußten Denkens zu befreien. Es ist natürlich klug von Dir, das in Frage zu stellen, doch letztendlich wird die Intuition Dich führen, so wie sie Dich Dein ganzes bisheriges Leben geführt hat, auch wenn es unter der Maske verschiedener Aspekte Deines bewußten Denkens geschah.

W: Du hast zu Beginn gesagt, daß ich mir der Geistwesen bewußt wäre, die bei mir sind. Ich habe wirklich den Eindruck, vor allem in meiner Meditation, daß da sechs oder sieben in einem Kreis sitzen. Die Vorstellung ist noch sehr vage und zart, und doch frage ich mich, ob an einem bestimmten Punkt der einzige Weg, bewußter zu werden, nicht darin besteht, mein Bewußtsein mit dem ihren und ihres mit meinem zu verbinden, um in einer größeren und erweiterten Wirklichkeit zu verschmelzen.

E: Genau. Diese Ebene der Bewußtheit erreicht man durch die Verbindung mit anderen Seelen auf der physischen wie auch auf der spirituellen Ebene, so wie man auch die Liebe Gottes durch die Liebe zu anderen Menschen erreicht. Daher ist das Bedürfnis nach Austausch von Energien mit anderen Seelen auf der physischen Ebene ein äußerst wichtiger Aspekt in der Phase des Seelen-Daseins, in die Du Dich begibst.

Viele hochentwickelte Seelen haben inkarniert. Sie werden zusammengerufen und in einer verwirklichten spirituellen Gemeinschaft zusammenkommen, einer Gemeinschaft der Seelen, wenn Du so willst, die bereits besteht. Du und diese Seelen in körperlicher Gestalt, denen Du begegnen wirst, und einige, denen Du bereits begegnet bist, sind Teil der nächsten Stufe des Verschmelzens zu einer weiteren und bewußteren Seelen-Familie, die sich schließlich über alle scheinbaren Grenzen der Religionen und Nationalitäten hinweg ausdehnen wird, zur wahren Brüderlichkeit aller Menschen.

W: Wann glaubst Du, werde ich für diesen wunderbaren nächsten Schritt bereit sein, Emmanuel?

E: Sobald Du klare Vorstellungen über Deine Lehren hast, sobald Du spürst, daß Du zusammenhängend und strukturiert den Sinn Deines Lebens und dessen, was Du anzubieten hast, darstellen kannst. Sobald diese Grundlage geschaffen ist, wird es Zeit für Dich, Deine Gedanken und Energien mit anderen zu verschmelzen, auch mit denen, die gegensätzliche Erfahrungen in ihrer Seelenentwicklung gemacht haben. Deine und auch ihre Einzigartigkeit wird nie verlorengehen, doch in Eurer Verbindung wird ein größeres Verständnis und eine tiefere Wahrheit entstehen, und dies wiederum wird einer bedeutenden Zahl von Menschen zugute kommen.

21. November 1977

E: Es ist eine Freude, Dich nach so kurzer Zeit wiederzusehen.

W: Ich weiß, daß seit unserem letzten Treffen nur wenig Zeit vergangen ist, aber ich bin zur Zeit sehr verwirrt. Du hast mir das letzte Mal zum Beispiel nahegelegt, daß sich die Dinge im Zentrum ändern müßten, da es mich jetzt daran hindere zu wachsen, daß ich mit den Energien, die sich mir bieten, im Fluß bleiben solle, daß ich mehr Vertrauen brauche, zu mir selbst und in meine Intuition, aber ich weiß einfach nicht, wie ich das alles anfangen soll.

E: Es gibt viele Gründe für die Entscheidung einer Seele, wiedergeboren zu werden, mein Freund. Alle ohne Ausnahme betreffen die Entwicklung der Seele. Wenn sich daher ein scheinbar schwieriges Hindernis bietet, so kann man sicher sein, daß dieses Hindernis von größter Bedeutung für diese Entwicklung ist. Hindernisse sind Lektionen, die gelernt werden müssen; Wahrnehmungen, derer man sich bewußt werden muß. Die Hindernisse, die Du zur Zeit erfährst, sind nicht unüberbrückbar, sie stellen vielmehr sehr wertvolle Niederlagen des bewußten Denkens dar, um Deine Aufmerksamkeit auf die Spirituelle Wahrheit in Deinem Innern zu lenken und so ans Licht zu bringen. Die Seele sorgt dafür, daß bestimmte Aspekte eines Lebens schwierig werden, damit das Bewußtsein diese Bereiche unterstützen kann und die Bedingungen verändert werden können.

Deine Schwierigkeit, den Zweifel und Deine menschliche Unvollkommenheit aufzugeben und Dein göttliches Wesen zu akzeptieren, sind sehr verständlich. Es ist sehr schwer, in eine physische, endliche Wirklichkeit geboren zu werden und zu erfahren, daß sie unendlich ist, Furcht in seinem Herzen zu spüren und zu erfahren, daß es keinen Grund für diese Furcht gibt, Verwirrung in seinem Geiste wahrzunehmen und zu erfahren, daß alles klar und einfach ist. Ja, es ist sehr schwer zu erfahren, daß man sich von den Ketten seiner menschlichen Gestalt befreien muß und seiner menschlichen Beschaffenheit, seiner inneren Weisheit und seinen Fähigkeiten vertrauen muß, daß das, was am menschlichsten scheint, zugleich das göttlichste ist und diese Dualität, welche die wahre Natur Deiner physischen Welt ist, zu akzeptieren und sie in Deinem Innern zu einem Ganzen werden zu lassen.

Es ist nur Dein bewußtes Denken, Dein dem Materiellen verhafteter Geist, der Dich von den Göttlichen Aspekten Deines Wesens trennt. Der Weg, um die Tür zu Deiner Göttlichen Intuition zu öffnen, wenn wir die vielen Aspekte Deiner erwachenden Wahrnehmung, Deiner Göttlichkeit und Deines Einsseins mit Gott so nennen wollen, besteht zunächst darin, dem zu vertrauen, was da ist, und dann darauf zu vertrauen, daß Du verdienst, es zu erfahren. Der Weg besteht darin, darauf zu vertrauen, daß alle menschlichen Wesen es ebenfalls wert sind, ihre Göttliche Natur zu erfahren. Er besteht darin zu wissen, daß der Weg zu dieser Göttlichen Intuition über die Liebe zu sich selbst und die Annahme des Universums, so wie es ist, führt und in der Annahme Deines Lebens, so wie es ist. Er besteht darin zu wissen, daß es immer Führung und Schutz gibt und daß es mit Bestimmtheit für jedes Ereignis einen Grund gibt. Wenn dieser Aspekt des Annehmens in Deinem bewußten Denken und Leben Platz gefunden hat, wirst Du merken, daß Du sehr schnell Fortschritte machen wirst.

Doch es gibt da noch etwas, das Dich besorgt und verwirrt, mein Freund.

W: Ja, Emmanuel, das stimmt, und ich glaube, daß das der wirkliche Grund für mein Kommen ist. Im letzten Sommer wurde bei einer Routineuntersuchung eine Wucherung an meiner Prostata festgestellt. Ich wurde an einen Urologen überwiesen, der sie weiter beobachten sollte. Die Geschwulst ist immer weiter gewachsen, und in der letzten Woche riet der Arzt mir dringend, eine Biopsie vornehmen zu lassen. Gleichzeitig sagte er mir, daß es sich mit achtzigprozentiger Wahrscheinlichkeit um eine bösartige Geschwulst handele.

E: Das trifft zu.

W: Ich habe befürchtet, daß Du das sagen würdest.

E: Du solltest diese Geschwulst entfernen lassen. Ein solcher Eingriff wird Erfolg haben, und es wäre klug von Dir, Dich möglichst schnell zu entscheiden.

W: Der Arzt hat bisher lediglich einen explorativen Eingriff, eine Biopsie, vorgesehen.

E: Ich weiß, doch ich schlage Dir eine operative Lösung des Problems vor.

W: Ich habe einen großen Widerwillen gegen Operationen, vor allem in diesem Fall. Ich habe das Gefühl, daß ich es statt mit diesem traditionellen Verfahren lieber mit Entschlackung und Regeneration meines Körpers durch Verwendung von heilenden Energien, Visualisierungen, Affirmationen und Ähnlichem versuchen möchte.

E: Du solltest Dein Mißtrauen gegenüber Operationen etwas hinterfragen. Die Chirurgie wurde durch Göttliche Eingebung begründet, und es gibt keinen Grund dafür, den begnadeten Menschen, die behandeln und heilen, zu mißtrauen. Viele leisten Hervorragendes in ärztlichen Berufen, und der Arzt, den Du zu Rate gezogen hast, ist ein ehrlicher Mann, der nicht zu Übertreibungen neigt. Ich versichere Dir, daß es Dir gut gehen und die Operation erfolgreich verlaufen wird. Auch wenn Deine Seele mit einer unangenehmen Situation konfrontiert ist und auch wenn es verschiedene Wege gibt, eine Operation durch alternative Heilverfahren zu umgehen, so rate ich Dir doch, im Geist und im Herzen offen zu sein. Dein Leugnen der Vorteile einer Operation ist Teil einer allgemeinen Verurteilung des ärztlichen Berufes, die zwar verständlich ist, doch es gibt einige, die auf ihrem Gebiet hervorragend sind. Auch wenn die Entscheidung bei Dir liegt, mein Freund, es wäre weise, Deine Furcht zu überwinden.

Laß jedoch keine Chemotherapie und keine Bestrahlung zu. Beide haben oft bei der Therapie bösartiger Geschwülste versagt und das Leben der Betroffenen ruiniert. Auch wenn ich Dir versichern kann, daß es für diejenigen, die durch Bestrahlung oder Chemotherapie sterben, notwendig ist, gerade diese Erfahrung zu machen, so würde ich Dir davon abraten.

W: Du meinst also, ich sollte mich eher für eine Operation als für die alternativen Methoden, die ich genannt habe, entscheiden.

E: Richtig. Der direkte und schmerzloseste Weg ist die Operation. Doch wenn Du Dich dafür entscheidest, den anderen Weg auszuprobieren, so solltest Du das auf jeden Fall tun. Du mußt auf Deine innere Stimme hören, und Dein Herz muß zufriedengestellt werden. Setze Dir eine vernünftige Frist, in der Du Ergebnisse erreichen willst, und wenn das nicht gelingt, sei mutig genug das übliche Verfahren der operativen Entfernung zu wählen.

W: Ich habe den Eindruck, Du willst mir sagen, daß mein Verfahren nicht funktionieren wird.

E: Überhaupt nicht. Ich sage nur, daß Du Dir genug Zeit geben solltest, eine Operation vornehmen zu lassen, falls es nicht funktioniert.

W: Darf ich Dir noch einige Fragen dazu stellen? Es ist sehr wichtig für mich, und ich bin im Augenblick etwas verwirrt. Wenn ich Dich richtig verstehe, sagst Du, ich soll mich operieren lassen und die Operation wird erfolgreich sein. Falls ich jedoch vorher andere Verfahren ausprobieren möchte, so soll ich das tun, damit ich mich zuerst davon überzeugen kann, daß sie nicht helfen, und dadurch eine positivere Einstellung zu der Operation bekomme. Ich soll also andere Verfahren ausprobieren, mir dabei genug Zeit lassen, um mich von ihrer Wirkungslosigkeit zu überzeugen, und mich dann operieren lassen.

E: Ich empfehle Dir lediglich den direkten Weg. Ich sage nicht, daß die anderen Methoden nicht zum Ziel führen können. Doch Du solltest lernen, Deine unvernünftige Angst vor chirurgischen Eingriffen zu überwinden. Das ist eine wichtige Lektion für Dich.

W: Das ist es. Ich weiß das. Schon als mir der Arzt gesagt hat, daß eine Operation nötig sei, wenn sich die Geschwulst als bösartig herausstellen sollte, fing ich an, an meinem Widerstand dagegen zu arbeiten, und hatte schon das Gefühl, ich hätte ihn überwunden. Es war der Plan, es war das, was meine Seele erfahren mußte, und doch war ich bereit, alles zu tun, um es zu vermeiden, denn auch dazu drängte mich ein Teil meiner Seele.

Doch als Du sagtest, ich würde mich operieren lassen und die Operation würde erfolgreich verlaufen, hörte ich kaum noch, was Du über den »Erfolg« gesagt hast, das einzige was ich hörte war »Operation«. Ich habe also noch einiges an Widerstand zu überwinden, doch wenn es mir gelingt, was ja von großer Bedeutung zu sein scheint, ist am Ende die Operation überflüssig geworden.

E: Richtig. Die Seele geht sonderbare und wundervolle Wege, und wenn das bewußte Denken die Weisheit der Seele akzeptiert, wird jede Erfahrung zu einem Spirituellen Geschenk. Du hast Deine Erkrankung als ein solches akzeptiert, mein Freund, Du bist gesegnet in Deiner Weisheit und deinem Verständnis, und das wird Dich, sei dessen versichert, noch in diesem Leben zum Licht und zur Gesundheit führen.

3. Dezember 1977

W: Ich habe gerade mit dem Urologen gesprochen, der vor dem Erntedankfest eine Biopsie gemacht hatte, und endlich ist das Ergebnis da. Es bestätigt den Verdacht, daß mein Tumor bösartig ist. Natürlich war das keine große Überraschung für mich – Du hattest es mir ja schon gesagt. Als ich ihn dann fragte, wann ich mich operieren lassen sollte, antwortete er mir ganz unvermittelt: »Am besten gestern.« Das hat mir einen ziemlichen Schrecken eingejagt, und ich kann Dir nicht sagen, wie dankbar ich dafür bin, Emmanuel, daß Du und Dein Channel Euch zu dieser ungewöhnlichen Unterhaltung am Telefon bereit erklärt habt. Es muß für Euch beide sicher sehr anstrengend sein, aber ich weiß nicht, was ich als nächstes tun soll. Du bist mein engster Freund und das einzige Wesen, dem ich wirklich vertrauen kann.

E: Bevor wir weitermachen, lieber Freund, möchte ich Dir versichern, daß der Nachdruck, mit dem auf Eile gedrängt wird, gänzlich überflüssig ist.

W: Das ist wirklich eine Erleichterung, Emmanuel, eine große Erleichterung; ich kann mich also in Ruhe nach einem anderen Chirurgen umsehen, ohne befürchten zu müssen, daß der Krebs sich in der Zwischenzeit auf andere Teile meines Körpers ausbreitet. Nach dieser Antwort »Am besten gestern« wollte ich einfach nichts mehr mit diesem Arzt zu tun haben. Ich habe mir schon einen Termin bei einem anderen geben lassen, der mir sehr empfohlen worden ist. Ich habe mich mit ihm am Telefon unterhalten und fühle mich bei ihm gut aufgehoben.

E: Ich möchte Dich ermutigen, Deinen Gefühlen in dieser Sache zu vertrauen.

W: Wieviel Zeit bleibt mir noch? Hast Du einen Vorschlag, wann die Operation stattfinden soll?

E: Ich wiederhole, daß es keinen Grund für übertriebene Eile gibt. Es besteht kein Anlaß zur Besorgnis. Das Problem wird gelöst werden, und ich schlage vor, daß Du ganz nach Belieben Deine Vorkehrungen triffst.

W: Dieser neue Arzt wird bis Anfang Januar verreist sein und könnte somit erst danach operieren.

E: In der Zwischenzeit bliebe Dir genug Zeit, mit allen alternativen Heilverfahren zu experimentieren.

W: In der Absicht, Erfolg damit zu haben, oder nur, um sie auszuprobieren.

E: Natürlich in der Absicht, Erfolg zu haben oder doch zumindest das Problem etwas zu lindern. Für eine umfassende Heilung bleibt nicht mehr genug Zeit.

W: Ich habe meine Ernährung schon grundlegend umgestellt und begonnen, mit heilenden Energien, Visualisierungen und Affirmationen zu arbeiten, und ich habe ein recht gutes Gefühl dabei.

E: Es steht ganz außer Frage, daß dies wirksame Verfahren sind.

W: Ich beginne auch allmählich, meine gefährliche Krankheit als etwas zu sehen, das mein Seelen-Ich für mich vorgesehen hat, weil es mein Wingate-Ich für sein weiteres Wachstum benötigt.

E: Ohne Zweifel.

W: Ich lerne den Krebs immer mehr anzunehmen, zwar noch nicht freudig, aber doch immerhin, ihn anzunehmen und das Gute darin zu sehen.

E: Es ist viel Schönheit in dem tiefen Glauben, den Du entwickelst. Er ist immer stärker geworden, bis er jetzt zur größten Stütze Deines Daseins geworden ist. Was kannst Du mehr verlangen? Was hast Du mit einem solchen Glauben zu befürchten? Nichts. Es ist alles in Ordnung, lieber Freund.

27. Dezember 1977

W: Ist es Dir recht, wenn ich ein wenig davon erzähle, was alles geschehen ist, seit ich Dich das letzte Mal gesehen habe?

E: Selbstverständlich, mein Freund.

W: Nun, zunächst machte ich mit dem Arzt, von dem ich Dir erzählt habe, einen Termin für die Operation aus, doch je länger ich darüber nachdachte, um so größer wurde mein Widerstand dagegen, und gestern schrieb ich ihm, daß mir etwas dazwischengekommen sei und ich den Termin absagen müsse. Ich glaube nicht, daß ich es getan habe, weil mir die Operation Angst macht. Ich mag den Gedanken zwar nicht, aber ich bin kein Feigling. Ich glaube, ich habe es vor allem deshalb getan, weil ich erfahren habe, daß mir bei der Operation radioaktives Material in die Prostata implantiert würde, und diese Vorstellung gefiel mir ganz und gar nicht. Darüber hinaus habe ich erfahren, daß dieses Verfahren früher hauptsächlich an der Westküste angewandt wurde, während an der Ostküste die Entfernung der Prostata üblich war. Jetzt ist es genau umgekehrt, und das beunruhigte mich zusätzlich. Ich fragte mich, ob diese Verfahren überhaupt sehr effektiv sein können.

Ich merkte dann, daß ich immer stärkere Bedenken gegenüber der traditionellen Auffassung der Krankheit entwickelt habe und mich statt dessen immer mehr von alternativen Heilmethoden angezogen fühle, wie z. B. von der Naturheilkunde, die in meinen Augen den radikalsten Standpunkt vertritt. Sie geht davon aus, daß es im Grunde nur eine Krankheit gibt, nur eine Ursache und nur eine Behandlung. Nach dieser Auffassung sind unsere Körper auf die eine oder andere Weise vergiftet, und diese Vergiftung tritt dann an der jeweils schwächsten Stelle zutage, was in meinem Fall die Prostata zu sein scheint. Der beste Weg damit fertigzuwerden, besteht darin, die im Körper vorhandenen Gifte zu beseitigen und dem Körper dann das zuzuführen, was er braucht, um sich zu regenerieren.

Es ist, als sei der Körper, der ja ohnehin zu 90% aus Wasser besteht, ein See, wie der, an dem ich früher meine Wochenenden und Ferien verlebte. Als ich dort ein Grundstück erwarb und zu bauen begann, war er kristallklar – man konnte ohne Mühe den Grund in zehn Meter Tiefe sehen –, doch als mit den Jahren immer mehr Menschen dort bauten und ihre Abwässer in den See einleiteten, immer mehr Motorboote Benzin und Öl auslaufen ließen und Flugzeuge Pestizide versprühten, wurde das Wasser durch Algen zunehmend trüber. Der Grund verschlammte immer mehr, und der Sauerstoffgehalt sank. Am Ende begannen merkwürdige Pflanzen, wie sie nur in solcher Umgebung gedeihen, in den Buchten zu wachsen.

Meine Prostata kommt mir vor wie eine dieser Buchten und die Krebszellen wie diese merkwürdigen Pflanzen, die man beseitigen könnte, indem man sie mitsamt ihren Wurzeln ausreißt oder mit Chemikalien besprüht, die sie vernichten würden, oder niederbrennt und auf diese Weise zu zerstören versucht. Mit anderen Worten mit Chirurgie, Chemotherapie oder Bestrahlung. Doch es besteht dabei immer die Möglichkeit, daß nicht alle zerstört werden. Auf jeden Fall würden sie wieder wachsen, möglicherweise an einer anderen Stelle, denn die Bedingungen, die ihr Wachstum begünstigt hatten, wären immer noch die gleichen oder hätten sich sogar noch weiter zu ihren Gunsten verbessert.

Eine andere Möglichkeit bestünde darin, aufzuhören, immer mehr Schadstoffe in den See zu schütten und Maßnahmen zu ergreifen, die helfen, den See zu säubern und zu regenerieren. Ich für meinen Teil habe schon mit einem intensiven Programm begonnen, bei dem besonders auf die Ernährung geachtet wird, um genau das zu erreichen. Ich habe auch meine Arbeit mit den Heilenden Energien verstärkt, indem ich mir zunächst gesagt habe, daß die Krebszellen keine schlechten Zellen sind, die zerstört werden müssen, sondern kranke Zellen, denen man Liebe, Pflege, gute Nahrung und saubere Luft geben muß, um ihnen zu helfen, wieder gesund zu werden. Außerdem visualisiere ich ein strahlendes, weißes Licht rings um meine Prostata, um zu verhindern, daß sie weiter wächst, während ich immer wieder die Affirmation wiederhole, daß der Tumor kleiner und kleiner wird. Schließlich stelle ich mir vor, wie dieses Licht meine Prostata durchdringt und jede kranke Zelle mit reinigender, heilender und vitalisierender Energie erfüllt.

E: Ich möchte Dich aus ganzem Herzen zu Deinem Mut beglückwünschen, diesen Weg gewählt zu haben, mein Freund. Die Aussicht auf sofortige Heilung ist für viele ein Sirenengesang, dem sie nicht widerstehen können, doch solange man sich nicht um die grundlegenden Bedingungen kümmert, wie Du es jetzt tust, wird das Problem innerhalb kurzer Zeit an anderer Stelle wieder auftauchen. Daher ist Deine Vorgehensweise vollkommen richtig. Das Ernährungsprogramm, das Du befolgst, ist sehr wertvoll, wenn es in kontrollierter, vernünftiger Weise eingehalten wird und die Giftstoffe nicht zu schnell ausgeschieden werden. Achte nur darauf, daß Du nie die Möglichkeit einer Eigenvergiftung außer acht läßt.

W: Diese Gefahr besteht immer, das weiß ich. Es scheint ein unvermeidbarer Teil des Heilungsvorgangs zu sein, den ich durchmachen muß. Doch was mir an all dem gefällt, ist, daß ich ein positives und schöpferisches Gefühl dabei habe, während mir die anderen Möglichkeiten destruktiv und negativ erscheinen. Weißt Du, Emmanuel, ich glaube, der

Krebs ist nur die Spitze des Eisbergs, die mich darauf hinweist, meinen See zu säubern und ihn rein zu halten.

E: Richtig, diese Gelegenheit, mit der Dich Dein Körper auf Veranlassung Deiner Seele beschenkt hat, um Deinen Glauben zu prüfen und die Kraft Deines Glaubens zu erfahren, stellt einen sehr wichtigen Schritt in Deiner Entwicklung dar. Höre auf Dein Herz, das versucht Gott in dieser Frage zu erreichen. Höre auf die Stimme Deiner inneren Weisheit, die Dich so fehlerlos in Deinen Bemühungen lenkt.

Dein Glauben und Deine Entschlossenheit, den Weg weiterzugehen, für den Du Dich entschieden hast, zeigen sich bereits in der Linderung Deiner Erkrankung, mein Freund. Das starke Energiefeld, das Du um das Krebsgeschwür herum errichtet hast, hat jedes weitere Wachstum unterbunden, und Deine Bemühungen, den Tumor zu zersetzen, beginnen zu wirken.

W: Könntest Du noch einmal wiederholen, daß ich auf dem Weg der Besserung bin, Emmanuel? Das ist die erste Ermutigung, die ich seit der Entdeckung des Tumors im letzten Mai erhalten habe, und ich brauche sie wirklich, denn diese Diät, nach der ich jetzt lebe, fällt mir nicht so ganz leicht. Eine Diät, die zu 80% aus frischem Obst und Gemüse besteht, mag mitten im Juli ganz angenehm sein, aber mitten im Dezember ist sie nicht das Wahre. Es ist nicht das gleiche, ob man ein Glas kalten Karottensaft oder einen Teller heiße Bohnensuppe zu sich nimmt.

Es sieht so aus, als bestünde mein ganzes Leben daraus, die richtige Nahrung zu finden, vorzubereiten, zu essen, nachher alles wegzuräumen, Berge von Zusätzen einzunehmen und Ärzte aufzusuchen. Es bleibt überhaupt keine Zeit für etwas anderes. Mein Lehren und Schreiben wurden dadurch abrupt beendet. Auch die regelmäßigen Besuche, die ich zu den Mahlzeiten hatte, haben so gut wie aufgehört. Dann sind da noch die vielen besorgten Freunde und Verwandten, die es viel lieber sehen würden, wenn ich im Krankenhaus wäre und mich einer Operation, Chemotherapie oder Bestrahlung unterziehen würde. Ich mache ihnen keinen Vorwurf daraus, denn mit Sicherheit würde mir kein Schulmediziner zu dem raten, was ich tue.

E: Ich möchte Dir mein Verständnis und meine Anteilnahme für Deine Lage ausdrücken und Dir meine Anerkennung aussprechen, für den Weg, den Du gewählt hast. Wir werden diesen Weg gemeinsam gehen, mein Freund, und Du wirst am Ende siegreich sein.

W: »Wir werden diesen Weg gemeinsam gehen, mein Freund, und Du wirst am Ende siegreich sein.« Ich glaube, daß ich diese Worte in vielen angsterfüllten Nächten in diesem Winter wiederholen werde. Wenn ich stark bin, weiß ich, daß das der richtige Weg für mich ist. Wenn ich sterbe, sterbe ich, aber es ist immer noch etwas, das ich ohnehin tun muß. Doch dann gibt es Zeiten, wenn ich mich schwach fühle und sich Zweifel und Furcht einschleichen, wie vor etwa zwei Wochen. Ich lag im Bett, fühlte mich ziemlich niedergeschlagen und dachte über meine Krankeheit nach und darüber, daß ich nicht sterben will, und diese kleine Stimme sagte: »Du wirst eines Tages ohnehin sterben müssen.« Ich antwortete: »Gut, aber ich möchte nicht schon jetzt sterben«, und die Stimme fragte: »Warum?« Darüber mußte ich erst einmal eine Zeitlang nachdenken, bevor ich mich sagen hörte: »Weil ich nicht nach Los Angeles umziehen will.«

Natürlich ging es nicht darum, nach Los Angeles umzuziehen, es ging um meinen generellen Widerstand, an fremde Orte zu gehen. Meine Freunde sind hier, meine Arbeit ist hier, alles ist mir vertraut. Doch jetzt habe ich Dich kennengelernt, Emmanuel, und Du bist ein Freund für mich geworden. Dann ist da noch meine Seelen-Familie, der ich mich auch immer näher fühle, und das macht es mir sehr viel leichter, an eine Veränderung zu denken.

E: Aber noch nicht jetzt, mein Freund, noch nicht jetzt. Es bleibt für Dich noch viel in diesem Leben zu tun, und in diesem Zusammenhang werde ich in Zukunft direkt zu Dir sprechen, und ich habe das Gefühl, daß Du Dir dessen bewußt bist.

W: Aber dieses Bewußtsein habe ich noch so selten, Emmanuel. Gibt es denn nichts, was ich tun kann, um noch bewußter zu werden?

E: Doch, Du kannst etwas tun. Zunächst mußt Du Dir meiner Absicht, mit Dir direkt in Verbindung zu treten, bewußt sein. Dann mußt Du, wenn Du den Wunsch verspürst, mit mir zu sprechen, diesen Wunsch als Zeichen meiner Anwesenheit verstehen. Glaube mir, es ist allein eine Frage des Vertrauens. Es mag Dir wie eine endlose Wiederholung vorkommen, mein Freund, daß alles nur eine Frage des Vertrauens sei, und doch gibt es keine größere Wahrheit. Viele behaupten, daß Vertrauen eine Illusion sei und daß jemand, der sein Leben auf Vertrauen aufbaut, es auf einer Illusion aufbaut. Das ist Unsinn. Illusion ist es, wenn eine Seele ins Leben tritt und glaubt, es gebe keine Hoffnung, keinen Gott, keinen Plan in diesem Universum, das grausam ungeordnet erscheint. Das ist die Illusion. Doch ich rede nicht von einer Illusion, sondern von der Wahrheit.

W: Wird mir meine Art zu leben nicht auch helfen, bewußter zu werden?

E: Ohne Frage. Wenn ich davon spreche, daß Du und ich direkt kommunizieren werden, so spreche ich nicht allein von Deiner wachsenden Fähigkeit, klarer zu verstehen, sondern auch von der Erhöhung Deiner Körperenergie und der Zunahme Deiner Spiritualität als Folge dessen, was Du tust. Doch ich möchte Dir auch versichern, daß ich durch diese direkte Verbindung mit Dir nicht die Absicht habe, die

Geistwesen, die immer bei Dir waren, zu verdrängen. Dies soll und wird auch nicht geschehen. Du kennst nun meine Stimme, Du kennst meine Schwingungen, Du kennst mich, und das wird Dir möglicherweise als Brücke dienen, die Dir in Deiner Verbindung nicht nur mit mir, sondern auch mit den anderen Seelen, die bei Dir sind, helfen kann. Ich tue das aus Liebe und wegen des ernsthaften Dienstes, den Du in diesem Leben leistest. Es ist viel Schönheit in Deinem Innern, mein Freund, viel Produktivität, viel Gewinn für diejenigen, die den Vorzug haben, Dich zu kennen. Du hast begonnen, ein Gebäude zu errichten, das ewig weiterbestehen wird.

W: Ich bin mir nicht sicher, ob ich weiß, was Du mit »Gebäude« meinst, Emmanuel.

E: Ich bezog mich auf Dein Leben und alles, was aus ihm hervorgeht. Den Beginn eines Lebens kann man mit dem Rohmaterial vergleichen, das ein Baumeister in seinen Händen hält, wenn er ein schönes Gebäude plant. Später kann man das Leben mit der Errichtung des Gebäudes vergleichen. Wie in der Alchemie wird dem Lehm des Materiellen der Geist eingehaucht und der Lehm zu Gold verwandelt. Nichts anderes tust Du im Augenblick mit Deiner Krankheit. Du hauchst der Materie Geist ein.

W: Werde ich in der Lage sein, anderen zu helfen, das gleiche mit ihren Krankheiten zu tun?

E: Vielleicht, doch was Du anzubieten hast, geht weit darüber hinaus, denn Du wirst nicht nur mit körperlichen Störungen zu tun haben, sondern mit dem ganzen Konzept, der in der physischen Realität manifestierten Spirituellen Wahrheit. Du weißt bereits vieles und lernst ständig mehr darüber, daß körperliches und Spirituelles Leben in Wirklichkeit ein und dasselbe sind. Diese Botschaft muß wieder und wieder und wieder deutlich gemacht werden, denn nur, wenn der Geist in der materiellen Welt anerkannt wird, kann die materielle Welt zum Ausdruck der Spiritualität werden.

W: Sei gesegnet, Emmanuel, dafür, daß Du in meinem Leben bist.

E: Ich danke Dir für Deine Liebe.

17. März 1978

W: Seit wir das letzte Mal zusammen waren, sind viele angenehme Ereignisse eingetreten, Emmanuel. Freunde hatten mir ihre Wohnung in Honululu überlassen, und so packte ich meine Saftpresse ein, nahm so viel biologisch angebaute Nahrung mit, wie ich tragen konnte, und war froh, aus dem Schnee und Schmutz von New York in den Sonnenschein und die Seeluft von Hawaii zu entkommen. Ich habe dort mein Genesungsprogramm fortgesetzt, mich in die Sonne gelegt und lange Spaziergänge gemacht. Die meiste Zeit war ich mit dem Lauf der Dinge sehr zufrieden. Jetzt bin ich seit wenigen Tagen zurück und schon auf dem Weg nach Florida in ein spirituelles Zentrum, in der Nähe von Vero Beach, wo man sich schon auf meine Ankunft freut.

E: Du hast in Deiner Krise und auf dem Weg, den Du gewählt hast, die wahre Güte des Lebens erfahren, und sie hat einen Widerhall in der Güte Deines eigenen Wesens gefunden. Du weißt nun, welche ungeheure Kraft in ihr liegt. Die wirkliche Kraft ist die Kraft der Hingabe, und jeder Ersatz ist von nun an überflüssig geworden. Du warst in großer Not, lieber Freund, und Du bist gerettet worden. Die Gewißheit, die von jetzt an Deine Schritte begleiten wird, das Licht der Wahrheit in Deinen Augen und die Stärke Deiner Liebe werden auf dem Weg, den Deine Seele eingeschlagen hat, kein Hindernis mehr dulden. Der Schüler stirbt, und der Lehrer wird geboren. Es ist eine Wandlung geschehen, und Du mußt nun bereit sein, denen zur Seite zu stehen, die zu Dir kommen werden, sie beraten, führen, überzeugen und sie unterstützen auf ihrer Suche nach der Stärke, die Du bereits gefunden hast.

Ist nicht das Leben selbst in seinem Verlauf ein Kampf zwischen positiven und negativen Aspekten, zwischen Krankheit und Wohlergehen, zwischen Gut und Böse? Die Grundzüge der Wirklichkeit sind Dir deutlich gezeigt worden, mein Freund. Aus Deinen letzten Erfahrungen lernst Du die Kraft der Hingabe. Du kennst die Kraft der Meditation, die Kraft der Hoffnung und die Entschlossenheit, die durch eine innere Verpflichtung entsteht. Dies sind, wenn Du so willst, die Waffen, mit denen der Kampf für Licht und Güte gewonnen werden kann. Wenn ich »Kampf« sage, so meine ich es nicht nur metaphorisch, sondern auch sehr konkret, denn diejenigen, die mutlos und verzweifelt sind, brauchen einen Verbündeten wie Dich, jemanden, der siegreich durch die Feuer des Zweifels und der Krankheit gegangen ist. Du bist ein Lehrer, und als Lehrer, täusche Dich darin nicht, bist Du ein Krieger.

W: Ein sanfter Krieger.

E: Ja. Im Plan der Erlösung besteht ein großer Bedarf an Menschen wie Dir. Deine Güte und Dein Verständnis sind Deine wahre Stärke, mein Freund, aber zögere nicht, zornig zu werden, wenn Du es für nötig hältst. Denn im Dienst der Wahrheit ist Zorn eine sehr mächtige und gerechte Waffe. Jesus war wütend, als er die Geldwechsler aus dem Tempel warf und ebenso bei vielen anderen Gelegenheiten, die nicht überliefert sind.

Es ist Zeit zu handeln. Es ist Zeit, Deiner Welt Dein Wissen zu verkünden. Du hast keinen Grund mehr, verzagt und unsicher zu sein. Du bist mehr als ausreichend dafür gerüstet, zu wachsen und zu gedeihen und sicher auch, wie Du selbst erkennen konntest, zu überleben und für andere zu kämpfen. Die Zeit des Feierns ist gekommen, die Zeit der Freude, die Zeit der Ernte. Zögere nicht, Deine Sense an das reife Korn zu legen. Es ist Deins, mein Freund. Du hast den Preis dafür bezahlt.

W: Ich bin bereit, Emmanuel, ich bin mehr als bereit, obwohl ich sicher bin, daß es Augenblicke geben wird, in denen die alte Angst zurückkehren wird, um die Feier zu stören.

E: Haben wir nicht in Zeiten der Sorge zu Dir gesprochen, wie bei vielen anderen Gelegenheiten auch?

W: Ihr habt nicht viel gesprochen, Emmanuel, aber ich war mir Eurer Liebe und Unterstützung bewußt, vor allem während meiner Meditationen. Ich hatte Kissen um mich herum gelegt, nicht so sehr als Sitzgelegenheiten für Dich und die anderen Mitglieder der Seelen-Familie, sondern um mich auf Eure Gegenwart einzustimmen. Dein Kissen war gleich rechts neben meinem, und manchmal spürte ich richtig, daß Du bei mir warst, und das war sehr tröstlich. Aber dann gab es Zeiten, in denen ich wieder große Zweifel hegte. Ich fragte mich, ob Du nicht bloß eine Erfindung meines Wunschdenkens seist, und dieser Gedanke verursachte ein Gefühl der Entfremdung.

E: Sei versichert, lieber Freund, daß ich in der Tat bei Dir war, Dein Gefühl der Entfremdung ändert nichts an dieser Tatsache. Du mußt wissen, daß, auch wenn wir alle in unserem Bewußtsein oft miteinander in Verbindung getreten sind, das nicht bedeutet, daß Du nicht auch ohne uns leben und arbeiten kannst. Dies ist von äußerster Wichtigkeit auf dieser Stufe Deines Wachstums, denn wenn Du den Mantel des Lehrers überstreifst und die Bücher des Schülers beiseite legst, übernimmst Du auch die Verantwortung dafür, die Verbindung selbständig herzustellen, nicht nur mit denen, die in Deiner physischen Realität leben, sondern auch mit uns Energiewesen.

Mit anderen Worten, wenn Du die Rolle des spirituellen

Lehrers annimmst – oder die des irdischen Meisters, wenn Du so willst –, mußt Du auch die Initiative, die Autorität, die Freude und die schöpferische Kraft Deines Höheren Wesens annehmen. Wenn Du also mit uns in Verbindung treten willst, heiße uns willkommen, und sei versichert, daß Du unsere Gegenwart wahrnehmen wirst. Du mußt uns nicht sehen oder hören können, und trotzdem wirst Du wissen, daß wir da sind.

Ich danke Dir für den besonderen Platz, den Du mir eingeräumt hast, den ich von Zeit zu Zeit eingenommen habe und den ich auch in Zukunft sicher wieder einnehmen werde. Aber es gibt andere Wesenheiten um Dich herum, die auch weiterhin in wachsenden und sich verändernden Zirkeln bei Dir sein und bestrebt sein werden, mit Dir in Verbindung zu treten, um auf sehr enge und vertraute Weise mit Dir zusammenzuarbeiten. Auch Energiewesen benötigen Raum für sich, deshalb schlage ich Dir vor, den Platz neben Dir für jeden, der ihn einnehmen möchte, frei zu lassen. Gib Deine alten Vorstellungen auf, sei offen und stimme Dich auf jede schwingende Energie auf dem Platz neben Dir ein. Denke daran, daß wir Freunde sind, und empfange uns wie Freunde.

W: Als Partner?

E: Ja, als Partner. Als Gefährten, als Verwandte – das mag eine merkwürdige Vorstellung für Dich sein –, Verwandte in der Welt der Energiewesen. Laß uns in Dein Leben, so als ob wir menschliche Körper hätten. Einige von uns waren, wie Du schon selbst bemerkt hast, in physischer Form mit Dir zusammen, andere hingegen waren noch nie menschliche Wesen und hatten nur in Zeiten des Übergangs Kontakt zu Dir. Ja, mein lieber Freund, es gibt Seelen, die nicht in physischer Form erscheinen müssen und doch genauso deutlich existieren wie Du und ich. Sie leben wie wir, um beizustehen. Sie haben es nur nicht für notwendig befunden, dieselben Tiefen des Lernens zu durchschreiten, weil sie sich nicht so weit oder so lange von dem Ziel entfernt hatten wie wir. Sie wollen nicht angebetet werden, keines von uns Energiewesen will das.

Wir wollen gehört werden, und wir wollen, daß man zu uns spricht, so wie Du es getan hast. Anbetung gebürt nur einem allein und dieser Eine ist Gott. Mit wenigen Ausnahmen sind alle Seelen gleich in ihrem Sehnen, ihrem Wert und ihrer Struktur, und wenn Du Dir Dich selbst im Zentrum dieses sehr aktiven Lernprozesses vorstellst, wird unsere Verbindung stärker und tiefer werden, und Du wirst sehen, daß Du in der Lage bist, denen, die zu Dir kommen, all das zu geben, was sie brauchen.

Noch einmal: Wie Du weißt, bist Du durchaus fähig, als Mensch ohne Führung zu bestehen. Du hast dies durch mehrere Leben voller Mühen, Leid und Lernen erreicht, und nun ist es Zeit, Dir selbst zu vertrauen, Dich selbst zu entdecken, Dich selbst zu erweitern. Unsere Führung steht Dir dennoch ständig zur Verfügung. Sie kann als Intuition kommen, sie kann als Wissen kommen, sie kann während Deines Schlafs und sie kann direkt oder indirekt erfolgen, wie in diesem Augenblick. Sei versichert, daß das Gefühl der Entfremdung, von dem Du sprachst, vorrübergehend ist. Es hatte damit zu tun, daß Du Dich in einer physischen Krise befandest, die Dir viel zu lernen gab, aber sie hat Deine Verbindung mit der spirituellen Wirklichkeit nicht zerstört. Sie hat nur für eine bestimmte Zeit Deine Aufmerksamkeit auf notwendige Dinge gelenkt.

Es gibt keinen Unterschied zwischen der physischen und der spirituellen Wirklichkeit, keine Trennungslinie, keine verhängnisvolle Dualität. Alle Dinge sind eins, und Deine Seelen-Familie ist immer bei Dir. Wenn Du nicht in der Lage bist, das zu erkennen, so nicht deshalb, weil sie nicht bemerkt werden wollen, sondern weil in Dir noch Widerstand gegen die Entwicklung zu einem Lehrer besteht. Nur dieser Widerstand ist es noch, der es Dir erschwert, mit ihnen in Verbindung zu treten. Wir freuen uns mit Dir, mein Freund. Das Beste wird noch kommen.

W: Das klingt wie ein Schlußwort, Emmanuel, oder ist es vielleicht mehr?

E: Vielleicht noch ein oder zwei abschließende Bemerkungen. Je mehr ein Baum in die Höhe wächst, um so stärker werden seine Wurzeln, und um so mehr wachsen sie in die Tiefe und in die Breite. Laß Dein Menschsein zu einem Teil Deiner Stärke werden.

W: Ich bin ganz Deiner Meinung, Emmanuel.

E: Ich sagte Dir doch, daß wir Partner sind. Gott segne Dich, mein Freund.

28. April 1978

E: Mein lieber Freund, wie hast Du auch nur einen Augenblick glauben können, daß Du, nachdem Du die letzten Ereignisse durch vollkommenes Vertrauen in den Willen der Seele überwunden hattest, damit den letzten Schritt getan hättest und Deine Aufgabe in diesem Leben beendet sei? Nichts könnte weiter von der Wahrheit entfernt sein. Dies ist nicht eine Zeit des Endes, sondern eine Zeit des Neubeginns. Du hast das Kreuz auf dem Hügel gesehen. Es symbolisiert das letzte Ziel, die perfekte Vereinigung der physischen mit der spirituellen Wirklichkeit, so wie sie sich im Leben Christi zeigt. Du bist auf dem Weg zu diesem Ziel.

Du bist nun bereit, auf einer gänzlich neuen Stufe des Verstehens das Gefüge Deines Lebens zu erneuern, indem Du auf die innere Weisheit hörst, die aus immer tieferen Schichten der Wahrheit zu Dir spricht. Dein Verständnis wird tiefer sein, als Du es je für möglich gehalten hast. Kehre zurück und erfülle alles, was Du bisher getan hast, mit neuem Leben, aber quäle Dich nicht, sondern versuche im Einklang mit Deiner neuen Weisheit und Deinem neuen Glauben zu agieren. Beginne von neuem zu schreiben, und wir, die wir uns Dir im Namen der Wahrheit und im Namen Gottes genähert haben, um die Botschaft zu verkünden, derer die Menschheit bedarf, werden zu Dir sprechen. Bleibe offen für die Eingebungen, die du erhalten wirst, doch falls sie Dir nicht zusagen oder nicht dem entsprechen, was Du sagen willst, verwende sie nicht. Du hast das Recht, alles zu überarbeiten.

Es ist darüber hinaus von größter Bedeutung für Dich,

wieder und wieder diese letzten Erfahrungen zu erforschen und das nicht auf selbstquälerische Weise, sondern offen für alles, was daraus zu lernen ist, um es später anderen weitergeben zu können. Sehr viel ist auf vielen Ebenen geschehen, nicht nur auf physischer, mentaler, emotionaler und spiritueller, sondern auch auf sehr subtilen Abstufungen dieser Ebenen.

Du bist gesund, mein Freund, blicke daher als ganzer Mensch in die Zukunft.

W: Sei gesegnet dafür, Emmanuel, daß Du an meiner Seite gehst. Ich weiß nicht, was ich ohne Deine Liebe und Deinen Rat getan hätte. Und es stimmt, ich fühle mich siegreich, ganz wie Du es vorausgesagt hattest. Ich fühle auch, daß mir, wenn ich mit meinem Programm fortfahre, viele andere gute Dinge widerfahren werden. Mein Herzchakra öffnet sich allmählich, die Wut in meinem Bauch ist verflogen, mein Körper ist geschmeidiger, meine Reaktionen sind schneller, und ich kann mich nicht erinnern, jemals so voller Energie und Vitalität gewesen zu sein.

Mein Gewicht macht mir allerdings immer mehr Sorgen. Ich wiege mittlerweile nur noch 125 Pfund (entspricht ca. 57 kg), das sind 30 Pfund weniger, als ich im Januar gewogen habe, und es scheint mich genausoviel Zeit und Mühe zu kosten, diese Pfunde wieder zuzunehmen, wie ich gebraucht habe, um meinen Krebs unter Kontrolle zu bekommen.

E: Wenn man damit beginnt, seinen physischen Körper zu entgiften, kommt es zu ungeheueren Veränderungen; einige davon werden sogar problematischer erscheinen als die ursprüngliche Vergiftung selbst. Aber ich möchte Dich auch darauf hinweisen, daß neben den Verbesserungen, die Du selbst schon genannt hast, Du auch eine schwere Wirbelsäulenarthritis vermieden hast. Wenn du vorher und nachher Röntgenaufnahmen hättest machen lassen – was Du natürlich nicht getan hast, da sie schädlich für Dich gewesen wären – hättest Du einen enormen Unterschied feststellen können. Es ist auch sehr viel Milchsäure freigesetzt worden, die tief in der Muskulatur Deines Körpers gebunden war. Das ist der Grund dafür, daß Du Dich geschmeidiger fühlst. Ich empfehle Dir, diese unerwarteten positiven Auswirkungen des Reinigungsprozesses für Dein Schreiben und Dein Leben zu nutzen.

W: An die Arbeit also. Es ist gut, daß ich so voller Energie bin, denn es gibt wirklich viel zu tun. So sind zum Beispiel fast alle Menschen und die gesamte Energie aus dem Zentrum verschwunden, weil ich seit Anfang Januar die meiste Zeit fort war. Nun kommen vielleicht noch zwei oder drei Leute hin. Die anderen sind in alle Himmelsrichtungen verstreut worden, während ich völlig mit anderen Dingen beschäftigt war. Ich kann nicht sagen, daß ich es ihnen übel nehme. Ich brauche noch Zeit, um mich, wie Du mir geraten hast, damit zu befassen, was mir widerfahren ist, und all die Teile in das Puzzle meiner spirituellen Wahrheiten und Erkenntnisse zu fügen und alles, was ich bisher getan habe, neu zu beleben, vor allem das Buch, mit dem ich mich seit letztem Herbst nicht mehr beschäftigt habe. Heute früh fuhr ich hinauf nach Connecticut, um mir Land anzusehen, wegen der Vision, die ich habe, von einer Farm als Weiterentwicklung des Zentrums. Seit Hawaii denke ich immer wieder daran, einen Ort zu schaffen, wo die Erde ebenso wie die Seele bearbeitet werden könnte.

E: Ich möchte Dich darauf hinweisen, daß das, was Du als Gefühl einer nahenden Wahrheit erfährst, lediglich bedeutet, daß Dir bewußt gemacht wird, was sich entwickeln wird oder sich mit großer Wahrscheinlichkeit entwickeln wird. Es bedeutet nicht, daß Du beginnen solltest, es jetzt schon wahr zu machen. Ruhe, wie Du es gerade tust, in der Weisheit, daß, wenn etwas geschehen soll, es auch geschehen wird. Wenn Du Dich nach Grundstücken umsiehst, so ist das gut und schön, lieber Freund, doch ist jetzt wirklich nicht die Zeit für solche Unternehmungen. Beginne am

Anfang, wie wir es gesagt haben. Beginne damit, Deine innere Wirklichkeit zu erkennen und beziehe dieses Erkennen in Deine kreative Arbeit ein, die dann durch eigenen Schwung wachsen wird. Eines Tages wirst Du einen Wunsch spüren, der die Kraft einer Woge besitzt, und dann wird das Land da sein. Du wirst es nicht suchen müssen.

W: Was hältst Du davon, daß ich Golf spiele, Emmanuel? Ich frage mich, ob ich dafür noch Zeit habe und was aus all den anderen Dingen wird, die ich zu tun habe.

E: Ihr alle neigt, die ihr den Ruf vernommen habt, Gott zu dienen, zu großer Eile und dazu, auf die eine oder andere Weise eure physischen Bedürfnisse zurückzustellen, um zu dienen und nur noch zu dienen.

Dies ist eine schöne Geisteshaltung, doch die Wahrheit ist eine andere. Als physische Wesen habt ihr Bedürfnisse. Diese Bedürfnisse sind umfassend, und daher ist es sehr wichtig, daß ihr euch Vergnügungen, selbst oberflächlicher Natur, gönnt.

Verbeiße Dich nicht in Deine Arbeit. Wenn Du Dir beim Golfspielen Bewegung verschaffen willst und die logistischen Probleme dieses Sports angehen möchtest, dann solltest Du das auf alle Fälle tun. Du wirst dadurch keine Zeit vergeuden, denn es wird Deiner Seele auf andere Weise nützen. Erlaube Dir selbst, Dich an dieser Beschäftigung zu erfreuen. Gott wird es gewiß gutheißen.

W: Aber bei dem Programm, das ich zur Zeit einhalte, bin ich von sechs Uhr morgens bis elf Uhr nachts beschäftigt. Wie kann ich all die Stunden rechtfertigen, die ich beim Golfspielen verbringe?

E: Nun, da Deine Gesundheit im wesentlichen wiederhergestellt ist, mein Freund, sollst Du sie erhalten und genießen und sie nicht wieder zugrunderichten. Wann immer Du den Drang verspürst, Dich ausschließlich mit Deiner Aufgabe zu befassen, tritt einen Schritt zurück, nimm eine andere Perspektive ein und frage diesen Teil in Dir, der drängt, der so versessen auf diese Art von Leistung ist, frage diesen Teil, was er von Gottes zeitlosem Universum denkt.

W: Ich bin ein Sklave meiner Zeit.

E: Das sehe ich.

W: In meinem ganzen Leben habe ich viel Aufwand damit getrieben, überall pünktlich zu sein oder mit allem, was ich tat, pünktlich aufzuhören.

E: Spotte nicht über diese Gewohnheit. Jede Art von Disziplin, ganz gleich wie sonderbar, wie streng, wie sinnlos sie erscheinen mag, hat ihren Wert, doch ist es an der Zeit, diese besondere Art von Disziplin nun aufzugeben.

W: Ich habe das Gefühl, daß ich viel mehr im Fluß bin. Ich renne z. B. keine Türen mehr ein, wie ich es früher getan habe. Meistens scheinen sie sogar schon offen zu sein, und falls nicht, gehe ich einfach wieder.

E: Du kannst auch einfach durch die Wand gehen.

W: Noch nicht, Emmanuel, doch es scheint mir, als ob jetzt alles leichter ginge. Vielleicht liegt es daran, daß ich die Dinge mittlerweile geschehen lassen kann, anstatt zu versuchen, sie zu erzwingen, wie ich es früher immer getan habe.

E: Richtig, und wenn Du an den Punkt gelangt sein wirst, an dem alles im Fluß ist, und ich fühle, daß Du diesem Punkt bereits nahe bist, und Dein Leben sich endgültig der Wahrheit angepaßt hat, es keine Hindernisse mehr gibt und Du Dein Menschsein akzeptiert hast, dann wird der Kampf um Deine Vervollkommnung als menschliches Wesen beendet sein, und Du wirst wieder die Wahl haben, ob Du jenseits der physischen Realität dienen willst oder in diesem Leben bleiben willst, was aller Wahrscheinlichkeit nach der Fall sein wird.

28. Juli 1978

E: Du scheinst Dich erneut in einer Krise zu befinden, lieber Freund. Ist es nicht so?

W: Ja, Emmanuel, es scheint dieses Mal eine wirklich gewaltige Heilungskrise zu werden. Zumindest sagte der Homöopath, den ich konsultiere, daß er in seinen 35 Berufsjahren noch nie soviel Gift aus einem Körper habe kommen sehen wie in meinem Fall, insbesondere aus meiner rechten Lunge. Ich war so schwach, daß ich mir nicht sicher war, ob ich es bis hierher schaffen würde.

E: Ich weiß, lieber Freund, aber es gibt nichts, wovor Du Dich fürchten müßtest, hörst Du? Es gibt nichts zu fürchten. Du wirst mir sagen, daß Du Dich nicht fürchtest, daß Du diese Krise seit langem gesucht hast und daß sie den Höhepunkt Deiner Heilungsbestrebungen darstellt. Und doch gibt es einen Teil in Dir, der sich fürchtet, und das entzieht Dir Energie, die Du sehr nötig brauchst. Wenn Du diesen Teil akzeptierst und lernst, ihn zu fühlen und auszudrücken, wirst Du sehen, daß Du deine Genesung mit neuen Kräften weiterverfolgen kannst. Es war ein langer Weg, ein langer, langer Weg, und es hat viele Monate gedauert, bis es zu dieser Krise kam. Höre nun auf die Stimmen der Liebe, die Dich umgeben und Dich während Deines ganzen Lebens umgeben haben. Laß Deine Sehnsucht sprechen und Deine Hoffnung blühen. Dies ist keine Zeit der Kleinmütigkeit, sondern eine Zeit des uneingeschränkten Glaubens. Es ist eine Zeit der Entscheidung, eine außerordentliche Zeit. Deine Seele entwickelt sich sehr schnell. Wenn Du schon das Licht sehen könntest, so wie wir, lieber, lieber Freund, würde Dich jetzt große Freude erfüllen.

W: Ich bin froh, Emmanuel, und sei unbesorgt, ich werde diese Heilungskrise bis zum Ende durchstehen, ganz gleich, was geschieht. Ich habe zuviel durchgemacht, um jetzt aufzuhören.

E: Du erlebst gerade das Ende des Kampfes. Du hast Dich entschieden zu leben. Obwohl es noch einen kleinen Teil gibt, der sagt: »Ich habe genug. Warum gehe ich nicht heim?«, sagt doch Deine Lebenskraft: »Ich will leben, denn es gibt hier noch viel zu tun«; und dieser Teil ist viel stärker.

Jetzt geht es noch darum, die Haltung des Hier- und Jetzt-Seins zu verinnerlichen, d. h. Dein Leben bewußt in die Hand zu nehmen. Du hast den kleinen Willen überwunden, Du hast den Willen des Ichs überwunden, auch wenn Du befürchtest, es nicht geschafft zu haben; Du spürst noch einen Überrest, aber sei nicht zu streng mit Dir. Es ist nur der höhere Wille, der sich nun durch Dich ausdrückt, und wenn noch ein Schatten von dem Willen Deines Ichs zurückgeblieben ist, so deshalb, weil Du in dieses Leben gekommen bist, seinen Sinn zu verstehen und Gebrauch von ihm zu machen, um ihn dann mit dem Höheren Willen zu verschmelzen. Schütte nur nicht das Kind mit dem Bade aus, bestehe nicht auf Perfektion, sondern beginne Deinen Höheren Willen zu behaupten und vertraue dem positiven Aspekt Deiner Entscheidung. Verteidige den Vorrang, den die Entscheidung Deiner Seele verdient.

Ich will damit nicht behaupten, lieber Freund, daß Du in diesem Leben noch heilig gesprochen wirst – dies war ohnehin nicht Deine Absicht – aber Du betrittst gerade eine Ebene der Entwicklung, wo Du Dir Deiner Rolle als Schöpfer Deines Lebens vollständig bewußt wirst. Es ist eine außergewöhnliche Zeit. Öffne diesem Wissen Dein Herz, und erlaube Dir selbst, es anzunehmen.

Du fühlst Dich gelegentlich immer noch unwürdig, und in diesem Gefühl der Unwürdigkeit lebt Dein kleines Ego weiter. Sobald Du jedoch den kleinen Willen aufgibst und eins mit Gott bist, wird es kein Ego und kein Gefühl der Unwürdigkeit mehr geben. Vielleicht Dankbarkeit, vielleicht Demut, aber auch Freude und ein Gefühl der Ausweitung und der Selbsterkenntnis. Akzeptiere Dein Menschsein wie auch Deine Göttlichkeit, vollständig und ohne Vorbehalt. Akzeptiere Dich, und die Verwandlung, um die Du Dich so ernsthaft bemühst, wird sich vollziehen. Du bist in Sicherheit. Du weißt, daß Du in Sicherheit bist, mein Freund. Ich liebe Dich zu sehr, um Dir nicht die Wahrheit zu sagen.

Wenn ich Dir nun einen kleinen Rat geben darf, laß die liebe Seele, die Dich hierher begleitet hat, Dich zurück nach New York fahren. Sie kommt gut mit dem Wagen zurecht, und es ist besser für Dich, Dir diese Anstrengung zu ersparen. Wenn Du zu Hause angekommen bist, lege Dich auf den Boden, dorthin, wo Du weißt, daß Dich die göttlichen Energien erreichen können, und trete in Verbindung mit Deinem Bewußtsein, mit Deiner Lebenskraft. Erzwinge nichts, erlaube einfach, daß das, was in Dir ist, ganz von selbst an die Oberfläche kommt. Schließe auch die Furcht nicht aus, verleugne nichts, was Dir negativ erscheinen mag. Dies ist eine Zeit des Wachstums, eine Zeit, um Dein Haus auf sehr wirkliche und schöne Weise in Ordnung zu bringen.

Stelle Dir nun vor, mein Freund, daß Du meine Hand hältst, und laß uns so noch einige Augenblicke zusammenbleiben, bevor Du gehst. Wir werden uns noch viele Male in diesem Leben sehen.

24. August 1978

W: Ich danke Dir dafür, daß Du dieses Mal hierher gekommen bist, aber ich hätte es nicht bis nach Westport geschafft. Ich kann noch nicht einmal von dieser Couch, auf der ich nun schon seit drei Wochen liege, aufstehen, um mich oben ins Bett zu legen oder irgend etwas anderes zu tun. Ich habe Fieber – weit über 100 (Grad Fahrenheit, entspricht etwa 38 Grad Celsius) und wiege nur noch 116 Pfund (entspricht ca. 53 kg) und nehme weiter rapide ab – ich huste die meiste Zeit, und wenn ich nicht liebende Seelen hätte, die sich fast rund um die Uhr um mich kümmern, wüßte ich nicht, was ich täte.

Ich weiß, daß dies alles Teil meiner Heilungskrise ist, und ich bin sicher, daß, wenn schließlich alles vorüber sein wird und der Prozeß der Entgiftung abgeschlossen ist, mein See klarer sein wird als jemals zuvor.

Doch es ist schwer, all das zu ertragen, Emmanuel, sehr viel schwerer als ich erwartet hatte, und ich glaube, daß ich wirklich einen lieben und vertrauten Freund gebraucht habe, der mich daran erinnert, daß ich mich nicht zu sorgen brauche und daß alles in Ordnung ist.

E: Das Fieber, lieber Freund, reinigt und säubert die Teile Deines Körpers, die Du reinigen und säubern wolltest. Wenn diese Krise überwunden ist, wirst Du wieder als ganzer, vitaler und lebendiger Mensch leben und arbeiten können.

Doch in Deinem Wunsch nach Veränderung versuchst Du auch etwas anderes in Dir zu verbrennen, das nicht verbrannt zu werden braucht. Es muß angenommen werden: das Menschsein, die Dinge, die Du in Dir selbst verabscheust. Veränderung geschieht dadurch, daß man sich selbst akzeptiert und nicht dadurch, daß man sich verleugnet. Sie geschieht dadurch, daß man seine menschliche Natur akzeptiert. Du jedoch verurteilst Dich mit solcher Strenge, daß Du Dich fast selbst auslöschst. Es ist wichtig, ja unerläßlich, daß Du Dich annimmst, so wie Du in diesem Augenblick bist und dann darauf vertraust, daß erst, wenn Du Dich selbst annehmen, lieben und verstehen kannst, eine Veränderung stattfinden wird.

W: Das sollte nicht allzu schwer sein, Emmanuel, wenn man so wie ich glaubt, daß Gott in allem ist, also auch in mir, und daß wir alle Teil der göttlichen Vollkommenheit sind. Aber einige der negativen Gefühle, die ich in bezug auf mich selbst habe, sind so tief verwurzelt, daß ich in vielen Fällen gar nicht mehr weiß, warum ich sie habe.

E: Ich weiß, lieber Freund, und in Deinem gegenwärtigen geschwächten Zustand zögerst Du, mit der inneren Suche auf dieser tiefen Ebene zu beginnen, auf der neben Deinem Wunsch nach Veränderung gleichzeitig auch das Gefühl besteht, daß Du dieser Veränderung unwürdig bist. Dir wurde gesagt, daß Du Dich dem Willen Gottes zu überlassen hättest, aber Gottes Wille ist es, daß Du in Deiner physischen Realität gedeihen mögest. Bewahre diesen Gedanken und gib ihn nie auf. Wann immer Dein Herz offen ist für den Willen Gottes, für Deinen Höheren Willen, wirst Du Ganzheit, Erleichterung und Frieden finden. Wenn Du aber mit Deinem menschlichen Willen, Deinem Ego-Willen kämpfst, wirst Du nur Schmerz und Leid erfahren.

Dein Körper ist ein Schlachtfeld, lieber Wingate, auf dem zwei Kräfte miteinander kämpfen, eine, die den Willen Gottes erfüllen will, und eine, die es nicht will. Das ist der unwissende Teil in Dir, den Du in dieses Leben mitgebracht hast, um ihn nun zum Licht zu führen. Du hast bereits schwere Arbeit geleistet, aber es bleibt noch mehr zu tun, noch immer gibt es verborgene Risse, noch immer gibt es da diesen Rest, wenn Du so willst, der den vollständigen Willen Gottes nicht hören will, der es vorzieht, sich zurückzuziehen.

Doch wenn jemand ein solches Leben der Reinigung gewählt hat wie Du, mein Freund, darf er nicht an der Schwelle der Wahrheit stehenbleiben, sondern muß weitergehen.

W: Wenn ich wüßte wie, Emmanuel, hätte ich es schon vor langer Zeit getan.

E: Ich möchte Dir vorschlagen, daß Du damit beginnst, die Bereiche zu ergründen, von denen Du dachtest und hofftest, daß sie verstummt seien, und daß Du die Stimmen hörst, die noch immer in Deinem Unterbewußtsein toben. Dort besteht noch Widerwillen oder möglicherweise Unfähigkeit, die Bedeutung des Menschseins vollständig zu verstehen und es in all seinen scheinbaren Unvollkommenheiten zu akzeptieren und ihm Dein Herz zu öffnen.

Denke darüber nach. In der Tat gibt es vieles, worüber Du nachdenken mußt, vieles, was Du erkennen mußt. Siehst Du nicht, wie weise Du diese Krise gewählt hast, die Dich zur Unbeweglichkeit zwingt, so daß Du Zeit zum Nachdenken hast? Du brauchst diese Zeit, wenn Du die Schwelle, von der wir gesprochen haben, in diesem Leben überschreiten willst.

Erlebe, wenn es sein muß, von neuem Deine Verstöße gegen das Göttliche Gesetz, einen nach dem anderen, und sieh in jeder Erinnerung das Licht des menschlichen Wesens, das in all seiner Verzerrung die Wahrheit sucht und gleichzeitig an seiner Verzerrung haftet. Mache Dich nicht größer und nicht kleiner, als Du in Wirklichkeit bist, sondern sieh Dich als ganzes Wesen und bete für den Mut und die Kraft, Dir selbst Vergebung, Liebe und Anerkennung zu geben. Nur auf diesem Weg wird die Vergiftung Deines Körpers, die Du ständig durch deine innere Mißbilligung weiter nährst, gelindert werden.

Ich stehe Dir bei, wir alle stehen Dir bei. Du bist geborgen in der unendlichen Liebe Gottes, und doch mußt Du Dein Herz vollständig Deinem eigenen Menschsein öffnen, um durch diese Liebe geheilt werden zu können.

W: »Du sollst Dich selbst lieben.« Ich nenne es das Gebot Nummer 2B, aber wahrscheinlich sollte es Nummer 1A sein. Wenn Du Dich selbst nicht liebst, kannst Du auch Deinen Nächsten nicht lieben. Und Du kannst sicher nicht Gott lieben, der sich nicht nur in Dir, sondern auch in Deinem Nächsten manifestiert.

E: Ruhe nun, mein lieber Freund, in dem Wissen, daß Du in Zeiten der Ruhe und Meditation emporgehoben wirst und daß die Mitteilungen, die Du in diesem erhabenen Zustand erfährst, sehr real sind. Es ist eine Zeit der Entscheidung, lieber Wingate, eine in der Tat äußerst wichtige Zeit, und wenn Du Deinen Körper als Erweiterung der Seele begreifst, so wie das gesprochene Wort eine Erweiterung Deines Wesens ist, dann wirst Du in der Lage sein, sehr genau die Umstände, in denen Du Dich jetzt befindest, zu verstehen.

*

Einige Tage nach diesem Gespräch wurde Wingate durch seinen Hausarzt untersucht, und es wurde ihm mitgeteilt, daß er eine fortgeschrittene Lungenentzündung habe, daß seine Körperfunktionen bedenklich schwach seien und er nur noch wenige Tage zu leben habe. Schließlich willigte er ein, seine Heilungskrise zu beenden und sich zur Behandlung ins Krankenhaus zu begeben.

Anders als im naturheilkundlichen Krankheitsverständnis – das, wie Wingate im vierten Dialog erläuterte, davon ausgeht, daß jede Krankheit durch angesammelte giftige

Abbaustoffe im Körper verursacht wird und Heilung, ganz gleich bei welcher Erkrankung, darin bestehe, die Giftstoffe zu beseitigen – definiert die orthodoxe Medizin Krankheit entsprechend den Symptomen, die ein Organismus zeigt, klassifiziert sie dann durch einen bestimmten Namen, wie Lungenentzündung, Krebs etc., um anschließend ein Gegenmittel für diese spezifischen Symptome zu suchen, was die Verwendung von Medikamenten, Chemotherapie, Bestrahlung und ähnliches bedeuten kann. In der Heilungskrise, dem letzten Stadium der naturheilkundlichen Behandlung, in dem der Körper die Giftstoffe ausscheidet und zu seinem natürlichen Zustand der Gesundheit und Vitalität zurückkehrt, können eine Reihe physischer Reaktionen auftreten. Wingates hohes Fieber, seine Lungenentzündung und allgemeine Schwäche sind, obwohl ungewöhnlich heftig, keine außergewöhnlichen Erscheinungen. Vom naturheilkundlichen Standpunkt aus verhindert die Gabe von Antibiotika, die Wingate intravenös mehrere Wochen lang erhielt, die Ausscheidung der Gifte aus dem Körper und beendet so die Heilungskrise. Vom schulmedizinischen Standpunkt aus waren die Antibiotika notwendig, um der Entzündung und dem Blutstau in den Atemwegen zu begegnen und die Lungenentzündung zu heilen.

Im Krankenhaus zeigten Röntgenaufnahmen seiner rechten Lunge eine faustgroße Wucherung, die, wie ihm ein Lungenspezialist erklärte, höchstwahrscheinlich bösartig wäre. Und wie im November, als die Wucherung an seiner Prostata als Krebs diagnostiziert worden war, versuchte wieder ein besorgter Urologe – vergeblich –, ihn zu einer Operation zu überreden, da, wie er erklärte, eine hohe Wahrscheinlichkeit bestand, daß sich Metastasen bilden und bald die Wirbelsäule befallen würden.

Trotz allem blieb Wingate fest in seinem Glauben an Emmanuels Zusage, daß er diesen Kampf siegreich bestehen werde, und fuhr mit dem Heilungsprogramm fort, das er begonnen hatte. Nachdem zwei Biopsien keine bösartigen Wucherungen in seiner rechten Lunge gezeigt hatten, die

Lungenentzündung gebannt war und er nochmals eine Prostata-Operation abgelehnt hatte, verließ Wingate das Krankenhaus, obwohl er sehr geschwächt war und sich nur im
Rollstuhl fortbewegen konnte.

Im Oktober kehrte er zu dem spirituellen Zentrum in
Vero Beach zurück. Er wollte sich dort ausruhen, erholen
und ein anderes Heilungsprogramm aufnehmen.

2. Februar 1979

E: Du bist durch einiges hindurchgegangen, seit Du das letzte Mal hier warst, lieber Freund. Was immer die Ursachen dieser extremen Krise waren, welche psychologischen, spirituellen, medizinischen Gründe sie auch gehabt haben mag, es ist nun nicht mehr nötig zu verstehen oder zu unterscheiden, ob es eine Heilungskrise war oder ob der Körper durch das Symptom der Lungenbeschwerden um Hilfe rief. Es genügt, daß Du hier bist, daß Du Dich weiter entwickelst und nun gelernt hast, daß Ursachen unerheblich sind.

Jetzt zu Deiner Zukunft, zu Deinem Morgen. Was wird sein, mein Freund? Das gesamte Universum steht zu Deiner Verfügung, fast in wörtlichem Sinne. Natürlich ist es für jeden verfügbar, aber nur wenige wissen das. Du hast es durch Deinen gerade beendeten Kampf herausgefunden. Was soll nun also geschehen? Strebe nach nicht weniger als dem, was Du wirklich willst, und scheue Dich nicht, nach dem zu verlangen, wovon Du glaubst, daß es Dir Freude und Erfüllung geben wird.

Demut bedeutet nicht, lammfromm und bescheiden zu sein. Demut bedeutet, den kleinen Willen und den bewußten Willen aufzugeben und sich dem allumfassenden Willen zu öffnen. Das ist wahre Demut, und sie macht Dich zum Diener und Meister zugleich, denn durch sie wirst Du eins mit dem Schöpfer sein.

W: In aller Demut, Emmanuel, was ist mit meinem Krebs, was wird jetzt geschehen, da meine Heilungskrise vorüber ist?

E: Krebs? Dein Körper hat ihn vergessen, mein Freund. Schiebe ihn beiseite, er hat keine Bedeutung mehr. Ganz gleich, ob er weiterbesteht oder nicht, er wird Dir keine Schwierigkeiten mehr bereiten. Jetzt nicht mehr.

W: So werden wir von nun an in einem Zustand freundlicher, friedfertiger Koexistenz weiterleben. Ich fühle mich wieder so vital, Emmanuel, so voller Energie, daß ich Bäume ausreißen könnte.

E: Wir sprachen gerade darüber, mein Freund. Vieles von dem, worüber wir im vergangenen Frühling sprachen, schien damals nur eine Vision, ein Traum, etwas Unwahrscheinliches, doch je mehr Du Dein Leben zurückgewinnst, um so mehr werden die Dinge, über die wir damals sprachen, zur Realität. Früher hattest Du nicht die Kraft, ein neues Ziel zu schaffen. Du dachtest daran, Du hast es erfahren, wenn auch nur flüchtig, aber Dir fehlte zu der Zeit die schöpferische Kraft, um weiterzumachen. Doch jetzt wirst Du schnell wieder Zugang zu dieser Kraft finden, und Dein Leben wird nun eine neue, weitere Dimension annehmen.

Dir ist seit einiger Zeit bewußt, daß Du die Fähigkeit hast, Dich einer inneren Verpflichtung, einem inneren Licht, einer inneren Stimme, einem inneren Ziel ganz hinzugeben. Gleichzeitig hast Du geahnt, daß Du lernen mußt, mit dem Fanatismus in Deiner Überzeugung und Deinem Glauben umzugehen, und es hat großer intellektueller Klarheit bedurft, um das zu erreichen. Wie dem auch sei, Du gelangst nun an einen Punkt in Deiner Entwicklung, an dem sich die kreative Energie aus diesen tiefen Überzeugungen mit dem reifen Geist vermischt und diese beiden vitalen Kräfte in eine dynamische Einheit überführt werden können.

W: Es verwirrt mich, daß Du den Begriff Fanatismus gebraucht hast, Emmanuel.

E: Vielleicht habe ich ein unglückliches Wort gewählt, als ich Fanatismus sagte. Was ich meinte, war Deine tiefe Sorge, Dein Wunsch, ganz in Deinen Überzeugungen aufzugehen und sie aus der Tiefe Deines Wesens vorbehaltlos auszudrükken, um dabei den Teil Deines Geistes, der in der Vergangenheit Deine Leidenschaft unterdrückt oder abglenkt hat, nun mit ihr verschmelzen zu lassen und sie zu verstärken. Und so nährt die Leidenschaft die Weisheit, und die Weisheit nährt die Leidenschaft.

Durch die Äonen hindurch, in denen Du gekämpft hast, um das Licht zu finden und die einzigartige Einheit mit Gott und mit der allumfassenden Liebe zu erfahren, hast Du mehrmals Wahrheit und Mut erfahren, manchmal nur kurz, manchmal länger. Nun bist Du auf dem Gipfel dieser Erfahrung, dieses Lernprozesses angelangt und hast gelobt, Deine Wahrheit zu sagen. Und Du wirst in diesem Leben noch aufgefordert werden, Dich zu Deinen Überzeugungen zu bekennen, öffentlich, frei und leidenschaftlich. Fürchte Dich nicht davor, diese Zeit wird kommen, auf eine sehr natürliche und eindeutige Weise. Viele Seelen streben, jede auf ihre eigene Weise, danach, zu wachsen, zu erkennen, zu entdecken, und Du wirst in Deinem Leben noch aufgefordert werden zu sprechen, und Du wirst sprechen, sei Dir dessen gewiß, mein Freund.

W: Könnte ich in der Zwischenzeit nicht von größerem Nutzen sein, wenn mehr Menschen kämen, um mit mir zu lernen?

E: Es werden mehr werden, jetzt da Du an Kraft gewinnst. Auch durch das Buch werden mehr Menschen kommen.

W: Wenn ich es je beende. Zuerst der Krebs, und nun sieht es so aus, als dächte ich ständig darüber nach, welche neuen Dinge ich sagen könnte oder wie ich Altes neu sagen könnte.

E: Versuche nicht, Dein Buch Deiner augenblicklichen Situation anzupassen, denn dann wirst Du nur die Menschen erreichen, die das erleben, was Du erlebst. Du schreibst von vielen verschiedenen Ebenen des Wissens, von vielen verschiedenen Ebenen der Erfahrung, für viele, viele Menschen. Wo Dir eine Ebene zu vereinfachend oder zu begrenzt erscheint, wird es diejenigen, die auf dieser Ebene des Verstehens sind, berühren, sie ansprechen und ihnen ein klarer, freundlicher Weg zum Wissen sein. Dies ist nicht die letzte und einzige Aussage, die Du je machen wirst. Warum siehst Du es nicht einfach als Teil 1 und läßt das Schreiben einen stetigen Prozeß werden, so wie Dein Leben ein stetiger Prozeß ist?

Macht es Dir was aus, wenn wir Dir gelegentlich über die Schulter schauen? Du mußt wissen, daß wir das tun.

W: Natürlich nicht, Emmanuel. Du weißt, daß es mir nichts ausmacht. Was meinst Du, wie es weitergehen wird?

E: Es ist in der Tat eine ausgezeichnete Arbeit und dazu eine, an der wir alle beteiligt sind. Bist Du dir der Anleitung, die Du erhältst, bewußt?

W: Manchmal, Emmanuel. Ich wünschte nur, es geschähe häufiger.

E: Du erhältst sie, wann immer Du sie benötigst, aber es wäre eine Störung für Dich, wenn Du eine starke Führung erhieltest, während Du dabei bist, Deine eigenen beachtlichen Fähigkeiten zu gebrauchen. Dies würde nur Verwirrung stiften. Laß uns also an dem, was im Augenblick ist, nicht herumpfuschen.

Die Arbeit geht gut voran und auch Dir als Mensch, als

liebendem Bruder, geht es gut. Wir freuen uns für Dich. Laß uns nun für einen Moment in Ruhe sitzenbleiben und auf den tieferen Ebenen, die wir gemeinsam erfahren haben, miteinander in Verbindung treten. Dann gehe Deinen Weg mit unserer Liebe und unserem Segen.

1. Juni 1979

E: Es ist eine große Freude, Dich wieder begrüßen zu
können, mein lieber Freund, es ist, als ob Du und ich ein
Abenteuer gemeinsam erlebten. Wie bemerkenswert durch-
lässig die unnötige Begrenzung zwischen den verschiedenen
Ebenen der Realität wird, sobald man sich dem Strom des
Lebens überläßt, die Kraft der Zerstörung und die Kraft
der Verwirklichung erfährt und den Geist im Inneren berührt. Du bist frei, mein Freund, du bist frei.

W: Muß jeder das durchmachen, was ich gerade durchgemacht habe, um frei zu sein, Emmanuel?

E: Auf die eine oder andere Weise ja, obwohl vielleicht
nicht in dieser Härte. Und doch habe ich noch immer das
Gefühl, daß Dich etwas beunruhigt, obwohl Du Dir wirklich keine Sorgen mehr machen mußt.

W: Es ist das Buch, Emmanuel. Es geht sehr, sehr langsam.
Ich bin nicht nur beunruhigt, ich fühle mich auch schuldig,
weil ich bis jetzt noch nicht damit fertig geworden bin.

E: Mein lieber Freund, Du solltest Dich deshalb nicht
schuldig fühlen. Wie wir beide wissen, ist Schuld die zerstö-
rerischste, die nutzloseste und die einschränkendste aller
Energien. Sie dient keinem Zweck und bewirkt, daß alles
stagniert. Sie stellt eine Behinderung dar, die in Deinem
Leben sicher nicht mehr nötig ist.

Das Gefühl der Verzögerung im Zusammenhang mit diesem Projekt hängt sehr stark mit dem tief in Dir verwurzelten Glauben zusammen, daß Dir nichts mehr zu tun bliebe, wenn Du einmal Deine Arbeit beendet haben solltest. Daher verzögerst Du die Fertigstellung des Buches in sehr menschlicher Weise, denn es wäre bedrohlich, es jetzt zu beenden, solange Du glaubst, daß es nur eine begrenzte Anzahl von Aufgaben für Dich in Deinem Leben gibt. Du hast die Realität der Ewigkeit noch immer nicht vollständig akzeptiert. Es wäre sehr hilfreich für Dich, wenn Du in Deiner Meditation üben würdest, alles als unbegrenzt und endlos zu sehen.

W: Ich erinnere mich selbst schon von Zeit zu Zeit an den möglichen zweiten, dritten, vierten Teil des Buches. Da gibt es auch andere Dinge, die mich außer dem ersten Teil noch beschäftigen, wie die fast täglichen Meditationen, die von immer mehr Schülern besucht werden, dann die zweitägigen Seminare, die ich alle paar Wochen abhalte, und unsere regelmäßigen monatlichen Zusammenkünfte. Es sieht also nicht so aus, als ob ich bald nichts mehr zu tun hätte, aber Du hast recht, Emmanuel, tief im Innern ist ein Teil von mir, dessen ich mir kaum bewußt bin, der befürchtet, daß alles vorbei ist, wenn ich die Arbeit, die mir für dieses Leben gegeben worden ist, beendet habe. Doch ein anderer Teil, noch tiefer in mir, weiß, daß das Leben ewig und unendlich ist und daß es immer wieder mehr zu tun, immer mehr zu lernen gibt.

E: Genau, Du siehst, mein Freund, sobald Du Deine jetzige Arbeit beendet hast, brauchst Du nur zu fragen, welches der nächste Schritt ist und dann die Antwort zu hören, die natürlich schon in Deiner Seele und Deinem Herzen enthalten ist.

W: Es ist alles dort, nicht wahr, Emmanuel, genau am Rande meines Erkennens?

E: Ja, lieber Freund, und wie wir beide wissen, ist die grundlegende Aufgabe für jede Seele die vollständige Annahme von Gottes Willen, so wie er sich in einem offenen Herzen zeigt. Vielleicht kann Dir das helfen, Dein Buch zu beenden.

W: Das wird es, Emmanuel, und ich habe das Gefühl, daß die Fertigstellung des Buches ein wichtiger Schritt in der Wiederbelebung der Arbeit im Zentrum sein wird.

E: Die Fertigstellung des Buches wird ein wichtiger Schritt auf Deinem Weg sein, daran besteht kein Zweifel, aber die Bedeutung für Dich liegt nicht so sehr darin, es zu beenden, außer vielleicht, um Deine falschen Vorstellungen über die Endgültigkeit aufzugeben, sondern in dem fortlaufenden Prozeß des Schaffens. Wenn Du Dich auf diese Bedeutung konzentrierst, wird das fertige Ergebnis voller Leben und Vitalität sein und daher große Bedeutung für diejenigen haben, die es lesen. Mit anderen Worten, der schöpferische Prozeß des Schreibens ist wichtig, nicht das Fertigstellen.

In der Tat gibt Dir diese intensive Schaffensperiode, in der Du Dich gerade befindest, das Gefühl, mit dem Gott in Dir eins zu sein. Habe keine Angst vor diesem Gefühl. Versuche nicht, es zu verscheuchen. Es entspringt einer tiefen Demut, sonst würdest Du es nicht erfahren. Vertraue ihm, und wenn Du es deutlich spürst, erfreue Dich daran und wisse, daß dies die Wahrheit ist. Das ist das wahre Wesen des Menschen.

W: Du kennst die vollständige Wahrheit, Emmanuel, und wahrscheinlich ist sie für jeden von uns da, der sie erreichen kann. Doch wenn ich noch nicht bereit bin, etwas zu sehen, so kannst Du es mir auch nicht zeigen, nicht wahr?

E: Das ist gewiß keine Verschwörung, um Dich in Unwissenheit zu halten, mein lieber Wingate. Die Wahrheit liegt vor Dir, sei dessen gewiß, aber Du bist zur Zeit nur in der

Lage, einen Teil davon zu sehen, so wie Du nur einen Teil des Farbspektrums sehen kannst, auch wenn Du weißt, daß da noch viel mehr ist. In dem Maße jedoch, in dem Du Dein Bewußtsein erweiterst, wirst Du mehr Wahrheit erfassen können. Wenn Du Dir unser Gespräch zu einem späteren Zeitpunkt noch einmal anhörst, wirst Du Dinge hören, die Du jetzt vielleicht noch nicht zu hören bereit bist. Doch sie sind da, mein Freund, sie sind da.

Es stimmt auch, daß ich sehr sorgfältig darin geschult worden bin, wahrzunehmen, was Du aufnehmen kannst. Nicht was für Dich richtig ist, denn die vollständige Wahrheit ist richtig für Dich, sondern was Du aufnehmen kannst. Du öffnest Dich mehr und mehr, und Du bist fähig, mehr und mehr aufzunehmen, und wie Du bereits tief in Deinem Innern vermutest, kennst Du die vollständige Wahrheit. Du kennst Gott, Du bist Gott.

W: Gott ist in mir, er zeigt sich durch mich. Es gibt Augenblicke, in denen ich das wirklich erlebe, Emmanuel, und dann gibt es natürlich diese anderen Momente, in denen ich in mein unerleuchtetes Menschendasein zurückfalle.

E: Diese Momente, wenn Deine innere Vision undeutlich wird, sollten nicht Anlaß zur Selbstkritik sein, sondern Anlaß, Dich zu fragen, warum es zu dieser Unschärfe kommt und ob da noch ein Rest von Zweifel ist.

W: Das ist nicht die einzige Unschärfe mit der ich Schwierigkeiten habe, Emmanuel. Auch meine Sehkraft macht mir Schwierigkeiten. Zur Zeit nehme ich alles nur verschwommen wahr. Auf meinem rechten Auge bin ich, als Folge eines posttraumatischen grauen Stars, schon seit meiner Kindheit blind, was weiter nicht so schlimm wäre, wenn nicht jetzt auch noch das linke Auge am grauen Star erkranken würde. Ich frage mich, ob Du mir sagen kannst, warum das geschieht und was ich, wenn überhaupt, dagegen tun kann.

E: Gelegentlich, mein Freund, muß man in der Dunkelheit sein, um das Licht zu sehen, krank sein, um die Gesundheit zu erkennen, verzweifelt, um die Freude zu begreifen, und verwirrt, um die Wahrheit zu erkennen und um das innere Verständnis zu erlangen, daß dieses Wachstum notwendig geworden ist. Deine Seele schuf den Krebs in Deinem Körper und heilte ihn dann. War es nicht so, mein Freund? Deine Seele war es auch, die diese Sehstörung erzeugte, zunächst in einem übertragenen und dann in einem wörtlichen Sinn. Doch wenn das Verständnis die Ebene wirklichen Wissens erreicht hat, wird dein äußerer Körper, auch wenn er sehr viel langsamer wahrnimmt als Deine innere Sehkraft, mit der Veränderung beginnen.

Ich möchte Dir vorschlagen, daß Du Dir immer und immer wieder wiederholst – und Du weißt, mein Freund, daß keiner meiner Vorschläge eine Forderung ist, sondern Dir nur eine Richtung zeigt, für die Du Dich entscheiden kannst einzuschlagen –, wiederhole Dir, daß Du alles sehen willst, daß Du das Leben sehen willst, wie es ist, daß Du die vollständige Wahrheit sehen willst, daß Du Dich in vollkommener Klarheit sehen willst, daß Du Deine Mitmenschen in vollkommener Klarheit sehen willst. Sage, daß Du Schönheit sehen willst, daß Du Licht sehen willst, daß Du Gott sehen willst, selbst dort, wo Du glaubst, Häßlichkeit zu finden, denn selbst in der Häßlichkeit liegt ein Streben nach Wahrheit. Jede Seele, die in der physischen Welt verkörpert ist, sei es nun in vollkommener Verwirrung oder nicht, ist durch Mut und Liebe entstanden und trägt ein schönes Wesen in sich.

W: Du bist ein schönes Wesen, Emmanuel, und ich glaube fest, daß jeder und alles Teil von Gottes Vollkommenheit und in seinem Wesen schön ist, aber es zu glauben und es in meinem Herzen zu spüren, sind zwei verschiedene Dinge. Du spürst es in Deinem Herzen, Emmanuel, und Du beflügelst mich, Dir immer ähnlicher zu werden. Doch selbst, wenn ich solch einen Punkt fließender Akzeptanz erreiche und sehe, daß jeder genau so ist, wie er sein soll, so wie Gott wollte, daß er ist, ist es dann nicht doch meine Pflicht als Lehrer, die Irrtümer derjenigen, die mich um Rat fragen, zu sehen und ihnen zu erklären, was nicht richtig ist oder anders gemacht werden sollte? Oder soll ich sagen, daß das alles nur meine Erfahrungen sind und als meine Wahrheiten angenommen oder abgelehnt werden können, und es damit bewenden lassen?

E: Der letzte Zugang ist der sinnvollere, denn Du weißt sehr gut, lieber Freund, alles, was Du jemandem wirklich anbieten kannst, ist Deine eigene Wahrheit. Ob andere ihr folgen können, ob es tatsächlich auch ihre Wahrheit ist, das ist etwas, das jeder für sich selbst entscheiden muß. Ein Lehrer der Wahrheit ist ein strahlendes Licht, das einige sehen werden und andere nicht. Eine der Schwierigkeiten, Lehrer im Dienste Gottes zu sein, besteht darin, den Wunsch nach Kontrolle zu vermeiden. Das ist für einen Menschen nicht immer leicht zu akzeptieren, doch wenn Du weißt, daß etwas wahr ist – und Du kennst in der Tat viele Wahrheiten – und andere wollen diese Wahrheit nicht übernehmen, so schuldest Du ihnen trotz allem Respekt.

Das ist keine Vernachlässigung der Disziplin. Es geht darum, jedem seine eigene Wahrheit, seinen eigenen Weg, zuzugestehen. Doch wenn Du fühlst, daß es für Dich nicht angemessen ist, ihre Gedanken und Handlungen gutzuheißen, dann ist es Dein Recht, sie zu ermutigen, anders zu denken und zu handeln, oder einfach zu sagen: »Ich weiß keinen Rat.« Du kannst jedoch als Lehrer nicht sagen »Tu dies« oder »Denke das«. Du kannst nur Dich selbst und Deinen Beistand anbieten und dann bereit sein, sie in dem Wissen gehen zu lassen, daß sie nicht für Deine besondere Wahrheit bereit waren, und gleichzeitig für die Möglichkeit Ihrer Wiederkehr offen zu bleiben.

W: Ich danke Dir dafür, Emmanuel, daß Du auf so schöne Weise Dinge bestätigst, die ich schon weiß, aber doch gelegentlich wieder vergesse. In meinen Vorträgen beginne ich immer damit, daß ich erkläre, daß ich nur meine eigene Wahrheit vortrage, daß es so etwas wie »die Wahrheit« nicht gibt. Es gibt meine Wahrheit, Deine Wahrheit und vielleicht unsere Wahrheit, und ich teile meine Wahrheit gern mit Dir, ganz gleich, ob Du sie annehmen oder zurückweisen wirst.

E: Oder sie nur zum Teil gebrauchen wirst.

W: Und den Rest als Dünger benutzt, um darauf Deine eigenen Wahrheiten und Erkenntnisse wachsen zu lassen.

E: Das ist ökologisch wohldurchdacht.

W: Es ist auch organisch. Wenn jemandem etwas, das ich sage, gegen den Strich geht, wie z.B. »Es gibt nur Gott; das Schlechte, das Du siehst, sind nur die Teile Deines Wachstums, die Du noch nicht verstehst«, dann bringt es ihn vielleicht wieder dazu, über Gott nachzudenken, darüber, was Gott für ihn bedeutet oder nicht bedeutet. Viele Menschen glauben heutzutage, daß Sie Gott verworfen hätten, doch das ist nicht wahr. Sie haben nur den Gott verworfen, mit dem sie erzogen worden sind, und vielleicht bringt sie das wieder dazu, darüber nachzudenken, an welche Art von Gott sie glauben wollen.

E: Das ist eine bemerkenswerte Vorstellung und auf sehr schöne Weise ausgedrückt. Sie wird nicht ohne Einfluß bleiben.

W: Ich weiß, daß ich jetzt vom Erhabenen zum Lächerlichen springe, Emmanuel, doch ich frage mich, ob Du mir sagen kannst, wie lange ich noch leben und meine Arbeit tun werde.

E: Für das Gleichgewicht des Lichts, der Energie und der Wahrheit in Deiner Stadt ist es sehr wichtig, daß Du an

Deinem Platz bist, mein Freund. Denke daran, daß ein Arzt nicht dort gebraucht wird, wo alle gesund sind. Du hast eine Aufgabe genau dort, wo Du jetzt bist. Eine sehr wichtige Aufgabe.

W: Das Zentrum ist für mich eine Art Leuchtturm, der Menschen die Richtung weisen und ein Gefühl von Sicherheit geben soll.

E: Vertraue darauf.

W: Die Engländer würden es einen Ort der Kraft (Power Point) nennen.

E: Ja, tatsächlich wird jede erleuchtete Seele ein Ort der Kraft.

W: Ja, und welch ein unglaublicher Ort der Kraft, der Liebe und des Lichts Du bist, lieber Emmanuel. Es ist eine solche Freude, mit Dir zusammenzusein, eine wirklich sehr große Freude.

E: Danke, mein Bruder, auch Du hast viel Licht und wunderschöne Dinge zu geben. Gemeinsam werden wir eines Tages die Welt erlösen.

28. September 1979

E: Die Visionen, die Dir mein Channel gerade mitgeteilt hat, lieber Freund, sind keine äußere Wirklichkeit, sondern sind in einem sehr konkreten Sinne Stimmen Deines eigenen inneren Wesens. Der Kampf ist in Dir, der Reichtum ist in Dir, die Stimme der Weisheit ist in Dir, das Feld, auf dem sich die Blumen sanft wiegen, ist in Dir, und der geflügelte Geist, der dort steht, ist Teil Deines eigenen Höheren Bewußtseins.

Du vereinigst tatsächlich alles in Dir selbst, lieber Freund. Dein physisches und Dein spirituelles Selbst treffen sich, verschmelzen und werden eins. Obwohl Du noch in der Zeit lebst, während ich in der Ewigkeit bin, verstehen wir uns, Du und ich, und unsere Verbundenheit wird mit jedem Mal stärker. Fühlst Du es?

W: Ja, Emmanuel, und um meine Wahrnehmungsfähigkeit für Deine Schwingungen zu erhöhen, habe ich mir die Aufnahmen unserer letzten Gespräche jeden Morgen beim Wachwerden und jede Nacht beim Zubettgehen angehört.

E: Solange Du mich noch als von Dir verschiedene Einheit wahrnimmst, stülpst Du dem, was tatsächlich existiert, eine andere Wirklichkeit über. Die Wirklichkeit ist, daß wir, wenn Du Dich mir öffnest und ich mich Dir öffne, in wörtlichem Sinne, in energetischem Sinne und in physischem Sinne auf eine gesegnete Weise eins sind und kein Unterschied zwischen uns besteht.

W: Das Wort »Namaste« drückt das sehr schön aus, Emmanuel. Es ist ein indisches Begrüßungswort und bedeutet in etwa »Ich ehre den Ort in Dir, wo wir, wenn Du an diesem Ort in Dir bist und ich an demselben Ort in mir bin, eins sind.«

E: Genau, nur erlebt ihr, die ihr in der physischen Realität lebt, nur selten dieses Einssein miteinander.

W: Manchmal erlebe ich es für einen kurzen Augenblick bei unseren Meditationen im Zentrum.

E: In diesen Augenblicken bist Du von der Illusion Deiner physischen Realität, Deiner Getrenntheit erlöst und lebst in vollständiger Wahrheit.

W: Früher war mir dieses Gefühl von Besonderheit und Individualität sehr wichtig, und ich hätte es mit Händen und Füßen verteidigt. Jetzt kann ich es kaum erwarten, mich davon zu befreien, um meine Wahrheit und das Einssein zu erlangen, insbesondere mit Dir und den anderen Seelen, die mit uns zusammen sind. Manchmal spüre ich richtig, daß ich Fortschritte mache, Emmanuel, doch dann geschieht irgend etwas oder jemand sagt etwas, wie es vor einigen Tagen geschehen ist, und plötzlich bin ich mir wieder auf schmerzhafte Weise meiner physischen Realität, meiner tönernen Füße und meiner Entfremdung bewußt. Das ist sehr entmutigend.

E: Sei nicht beunruhigt dadurch, wie dualistisch Du Dir manchmal selbst erscheinst oder wie dualistisch jedes menschliche Wesen sein kann oder wie dualistisch letztlich die Erde selbst ist. Denke statt dessen mit offenem Herzen und dem Verlangen nach Wachstum an Erfahrungen wie diese. Ich möchte Dich auch daran erinnern, obwohl es vielleicht unnötig ist, daß Du hier bist, um zu wachsen, und wenn Du siehst, daß es tatsächlich etwas gibt, das Deinem idealisierten Selbstbild nicht entspricht, sei darüber nicht bestürzt, sondern dankbar und erfreut, denn dann werden gerade Mauern eingerissen, und in diesem Prozeß näherst Du Dich weiter dem Einssein, nach dem es Dich so verlangt. Wenn Du den Eindruck hast, daß Du Dich noch immer nicht so weit von Deinen Selbstvorwürfen befreit hast, wie Du es Dir wünschst, so kann auch das ein Segen sein. Noch bist Du in einem physischen Körper, lieber Freund, verstehst Du mich, Du bist noch immer in einem physischen Körper, und deshalb bedarfst Du noch immer des Wachstums. Wenn Du gelegentlich reagierst, wie Du nicht reagieren wolltest, entzünde eine Kerze im Namen der Wahrheit und sage: »Ja, das ist ein Zeichen meines Menschseins, welches schön, spontan, vital und sehr notwendig ist«, und begrabe Dein Selbstbild, das angeblich über die Kritik anderer erhaben ist.

W: Ich weiß, daß ich nur ein kleiner Frosch in einem kleinen Teich bin, Emmanuel, und das wäre auch in Ordnung, wenn Du mir sagst, daß es so zu sein hat. Doch gleichzeitig habe ich das Gefühl, und ich glaube, Du bist zum Teil mitverantwortlich dafür, daß ich kein so kleiner Frosch sein soll. Als wir das letzte Mal hier zusammen waren, hast Du gesagt, und es klang nicht so, als sei es nur ein Scherz, daß wir gemeinsam eines Tages die Welt erlösen würden.

E: In der Tat, ich habe gesagt, daß wir eines Tages gemeinsam die Welt erlösen würden, und ich habe keinen Scherz gemacht. Laß mich das klarstellen. Auch wenn mein Vergnügen an Deiner Gesellschft bisweilen zu recht heiteren Gesprächen führt, so reden wir doch auch von sehr ernsten Tatsachen. Dies war mit Sicherheit eine. Doch als ich sagte, wir würden die Welt erlösen, dachte ich dabei nicht daran, daß Du vom Gipfel eines Berges die Mächte des Guten und des Bösen herausfordern solltest. Dir lag nie daran, der Führer der Welt zu sein, aber genausowenig solltest Du Dein Leben im Schatten verbringen. Doch bei der Verpflichtung, die Du gewählt hast, mag es Monate, Jahre, ja unter bestimmten Umständen sogar mehrere Leben dauern, bevor der volle Umfang des Beitrags, den Du geleistet hast, erkannt wird. Diejenigen, die Dir nahe stehen und die dessen bedürfen, was Du zu geben hast, was nicht mehr und nicht weniger ist als Deine eigene Wahrheit, können unter Umständen selbst nicht einmal das Ausmaß Deines Einflusses erkennen, weder in diesem noch in späteren Leben. Und doch werden die Wahrheiten, die Du verkünden wirst, die Wirkung eines Kieselsteins haben, der ins Wasser geworfen wird und kleine Wellen bewirkt, die sich immer weiter und weiter ausdehnen. Auf diese Weise werden wir in der Tat die Welt erlösen.

Deine Suche nach Versäumnissen muß von nun an der Vergangenheit angehören, lieber Freund. Du hast alles das getan, was von Dir erwartet worden ist, und Deine Selbstvorwürfe sind Dir von keinem Nutzen mehr. Du hast die Verantwortung für die Arbeit an Deiner eigenen Seele in vortrefflicher Weise erkannt. Weiter nach Steinen auf einem Feld zu suchen, das wieder und wieder bearbeitet worden ist, hieße, sich mit Nebensächlichkeiten statt mit den wirklich bedeutenden Dingen zu beschäftigen. Natürlich wirst Du von Zeit zu Zeit über Deine menschliche Natur stolpern, warum auch nicht? Wie könnten sonst andere Menschen zu Dir sprechen oder Dich hören, wenn Du nicht Deine eigenen menschlichen Unvollkommenheiten hättest. Deshalb würdest Du eher angebetet als anerkannt werden, doch die Zeit für die Verehrung eines anderen menschlichen Wesens ist seit langem vorbei, und es ist Zeit zu erkennen, daß nicht nur Du so bist, wie ich bin, sondern daß wir alle in Gott eins sind.

W: Du bist ein großer Trost und eine große Unterstützung, Emmanuel, und Du hast mir mit Sicherheit ein viel deutlicheres Gefühl für das Ziel gegeben, doch ich weiß, daß es auch in Zukunft Zeiten der Verwirrung darüber geben wird, ob das, was ich tue, im Einklang mit dem Plan Gottes ist.

E: Die Verwirrung wird nur kommen, wenn Du das in Frage stellst, was Dir Dein Herz sagt. In dem Maße, in dem Dein Glaube an Dein eigenes Wesen und Deine eigene Wahrheit stärker wird, wirst Du erkennen, daß Dir Deine sehnlichsten, wichtigsten Wünsche durch Gottes Willen eingegeben worden sind.

W: Ja, ich vergesse das, Emmanuel, ich vergesse das. Es ist sogar Teil meiner Vorträge, daß unsere sehnlichsten Wünsche nur Ableitungen des Einen Willens sind, der sich vollkommen in uns und durch uns äußert.

E: Die Verwirrung ist somit nicht begründet, nicht wahr?

W: Und ich rede davon, daß ich das lebe, was ich lehre. Ich vermute, daß ich das nicht immer tue, oder?

E: Niemand erwartet, daß Du das immer tust, mein lieber Freund. Doch Du kennst die Wahrheit, Du kennst den Willen Gottes, und nun mußt Du lernen, ihn zu akzeptieren, was immer der schwierigere Teil ist, und dem zu vertrauen, was Du weißt, und Dich daran erfreuen.

W: Danke, Emmanuel. Sei gesegnet für Deine Weisheit und Deine Führung.

E: Sei gesegnet, lieber Freund. Es ist immer eine große Freude, mit Dir zu sprechen. Ich genieße das Ineinanderweben unserer Gedanken in verschiedene Formen, aus denen ein tieferes Verständnis entsteht, und während ich durch meinen Channel zu Dir gesprochen habe und noch spreche, kommuniziere ich auch durch Dein eigenes Bewußtsein und Deine eigene Wahrnehmung mit Dir. Tatsächlich bin ich meinem Channel nicht näher als Dir. Wir alle sind eins, lieber Freund, und wenn Du schließlich dieses physische Dasein beendet haben wirst, werden wir uns in einer noch engeren und persönlicheren Beziehung wiederfinden.

W: Ich freue mich über diese wunderbare Aussicht, Emmanuel. Doch bis dahin gibt es noch eine Menge zu tun. Also an die Arbeit.

Februar 1980

E: Bist Du Dir darüber im klaren, daß Du neue Erfahrungs-
ebenen betrittst, lieber Freund? Sogar während ich jetzt mit
Dir spreche, vollzieht sich ein Erwachen, welches Dir erlaubt, in einem viel tieferen Sinne meine Gegenwart wahrzunehmen, als es Dir bisher möglich war.

Zwinge Dich nicht dazu, das zu spüren. Es geht nicht
darum, durch Wünsche und Glauben eine Bühne aufzu-
bauen und dann meine Gegenwart zu sehen. Es geht ganz
einfach darum, bereit zu sein und mein Wort anzunehmen,
daß Du in Deiner Arbeit als Lehrer Dich immer mehr
öffnest, Deine Aufnahmefähigkeit vergrößerst und in der
Lage bist, meine Botschaft unmittelbar zu empfangen, um
sie direkt an andere weiterzugeben. Wenn Du die Aufgabe
Deiner Seele erfüllen willst, mußt Du diesen sehr wichtigen
Schritt vollziehen.

W: Werde ich Deine Führung bewußt empfangen, Emmanuel, oder werde ich einfach Dinge sagen, ohne wahrzunehmen, daß sie von Dir stammen?

E: Du wirst es möglicherweise als intuitives Wissen erfahren. Du bist mittlerweile aber auch in der Lage, unmittelbar
mit mir und den Geistwesen, die Dir beistehen, in Verbindung zu treten, und Deine ganze Arbeit kann in der Zukunft
von dieser göttlichen Führung durchdrungen sein. Doch
achte unbedingt darauf, daß die Dinge nicht kompliziert
werden. Wenn Du das Gefühl hast, daß Du nicht die Führung erhältst, die Du Dir erwartest, schließe einfach Deine

Augen und gehe tiefer nach innen auf die Ebene Deines Seelenbewußtseins und frage, warum Du sie nicht erhältst. Laß die Antwort dann einfach kommen. Akzeptiere die Tatsache, daß die Führung da ist und daß Du sie empfangen kannst. Wir werden mit Sicherheit während dieser Entwicklung bei Dir sein, um Dir auf jede nur erdenkliche Weise zu helfen.

W: Und trotzdem fühle ich mich festgefahren und frage mich, ob ich jemals den nächsten Schritt tun werde.

E: Ich weiß, mein Freund, doch glaube nicht einmal einen Augenblick lang daran, daß Deine Entwicklung beendet ist. Nichts könnte weiter von der Wahrheit entfernt sein. Jede Ebene, auf der sich ein Kreis zu schließen scheint, ist zugleich der Anfang eines neuen Schrittes nach vorn. Wenn Du Dich in diesen neuen und weiteren Bereichen des Wachstums bewegst, wirst Du merken, daß Du eine für eine Vielzahl von Menschen sehr wichtige Frage beantwortest; Du wirst die illusorische Vorstellung vieler Menschen widerlegen, daß ein Mensch, sobald er etwas von großer Bedeutung vollbracht hat, nur noch sterben kann.

W: Und das ist so traurig, Emmanuel, weil diese späteren Jahre so wichtig und so lohnend sein können – zumindest sind sie es für mich.

E: Ja, aber davon ist schon so oft auf so alberne Weise gesprochen worden, und so viele Plattitüden und Kalendersprüche sind im Namen der Wahrheit darüber verbreitet worden, daß viele ältere Menschen darüber in tiefe Verzweiflung geraten sind. Du siehst, daß daher ungeheuer viel Arbeit zu tun ist, denn es gilt den Menschen das zu vermitteln, was Du als Wahrheit erkannt hast.

W: Im Augenblick scheint mir mein Interesse eher bei den Jungen zu liegen.

E: Natürlich, denn ein Teil von Dir bleibt immer jung, mein Freund. Es liegt viel Liebe in dieser Verbindung. Die Frische, die Üppigkeit der Jugend hat einen großen Reiz, und es ist verlockend, eine tiefe und gründliche Wahrheit in diesen reichen Boden zu pflanzen. Doch den gleichen Reichtum und die gleiche Frische kannst Du in jedem Alter finden, und vielleicht kann Deine nächste Arbeit auch darauf ausgerichtet sein, den Boden derer zu bearbeiten, die glauben, daß ihre Erde verbraucht ist. Vielleicht kannst Du ihnen helfen, ihre Gärten in einer tieferen, gefestigten Wahrheit anzulegen.

Du hast es in Deinem eigenen Fall getan, und das ist sicherlich der erste und wichtigste Schritt, um es für andere tun zu können. Bei all der negativen Bedeutung, die das Alter in eurer Welt hat, bei all der Verwirrung und Bestürzung, all dem unnötigen Leid und Schmerz und bei einem solchen Mißtrauen gegenüber Gott, einem wohlwollenden Universum und einer vernünftigen und ausgewogenen nicht-chaotischen Realität, kannst Du ermessen, was Dir noch zu tun bleibt. Es gibt viele, viele Aspekte dessen, die meisten davon sind Dir bereits vertraut und wenn Du nur Deinem Herzen folgst, wird Deine gute Absicht Früchte tragen. Mit Sicherheit wird das Buch, das Du geschrieben hast, in seiner Unmittelbarkeit und Klarheit vielen Menschen verschiedener Altersstufen helfen, Wege aufzuzeigen, die bisher von Geheimnissen verschleiert waren.

W: Wie gefällt Dir das Buch, Emmanuel, jetzt wo es fertig ist?

E: Es ist ein großes Vergnügen, lieber Freund, das greifbare Ergebnis Deiner Anstrengungen mitzuerleben, was sicher eine große Freude auch für Dich ist. Deine Widmung hat mich sehr gefreut, aber auch beschämt.

W: Wird das Buch wirklich erfolgreich sein, Emmanuel? Wird es Menschen wirklich helfen?

E: Ohne Frage, und nicht nur den spirituell Fortgeschrittenen, sondern auch denen, die noch immer mit ihrer menschlichen Natur kämpfen. Du weißt, daß Du die Wahrheit sagst. Du hast mit Deinem Herzen, Deiner Klarheit und Spontaneität geschrieben. Du hast Deine Erfahrung und Deinen Glauben einfließen lassen. Welche Zutaten sind sonst noch notwendig?

W: Mir ist vorgeschlagen worden, es selbst herauszubringen, Emmanuel. Mir scheint es sinnvoll zu sein, aber ich frage mich, wie Du darüber denkst.

E: Das kommt nicht in Frage. Es wird Dich nur unnötig beschäftigen und Dich von Deinem nächsten Schritt abhalten.

W: Das überrascht mich, Emmanuel. Es enttäuscht mich auch etwas. Ich hatte mich schon darauf gefreut, mich mit Fragen des Designs, Drucks, Vertriebs u.ä. zu befassen.

E: Es ist sicher nicht falsch, sich zu begeistern und zu freuen, doch darf das nicht als Ablenkung von dem nächsten Schritt mißbraucht werden, und das ist hier zum Teil mit im Spiel, auch wenn Du Dir dessen nicht bewußt bist. Doch etwas in Dir sagt: »Das ist erfolgversprechend und erfreulich, und ich möchte damit weitermachen«, und deshalb ist es Zeit, Deine Kinder groß werden zu lassen. Es ist Zeit, sie gehen zu lassen. Dadurch wird es Dir möglich, Dich für die Zukunft und die neue Führung, die auf Dich zukommt, zu öffnen. Das ist die Schwelle, an der Du stehst.

W: Hoffentlich wird diese Führung nicht immer in so harten Worten erfolgen wie die, die Du mir gerade gegeben hast, Emmanuel. Und hoffentlich wird sie nicht immer so schwer anzunehmen sein.

E: Wenn ich eine harte Bemerkung mache, lieber Freund, so nicht, um Dein Leben zu bestimmen. Ich gebe Dir keine Befehle, wie Du weißt. Das ist nicht meine Aufgabe, nicht meine Funktion, ich tue es, um Deine Aufmerksamkeit auf die tiefere Realität Deiner momentanen Situation zu lenken.

W: Du weißt, Emmanuel, daß ich zuhöre, wenn Du sprichst, und Du weißt, daß ich nicht vergessen werde, daß Du mir abgeraten hast, das Buch selbst herauszugeben. Ich kann es nicht vergessen.

E: Ich danke Dir für Deine Bereitschaft, Deine Bemühungen in dieser Richtung zurückzustellen. Wenn Du sie nun statt dessen in der viel größeren Arena, in der Du Dich im Augenblick befindest, einsetzen würdest, könntest Du sehen, daß neue Lehren auf Dich warten und daß die anderen Aspekte Deiner Entwicklung in diesem Bereich sehr schnell in den Vordergrund treten werden und daß Deine neue Aufgabe bald beginnen wird.

18. April 1980

E: Du wirkst heute morgen etwas bedrückt, lieber Freund, doch ich bin sicher, daß Du Dir dessen nur zu bewußt bist.

W: Das ist eine Stimmung, die ich, seit ich denken kann, von Zeit zu Zeit habe, Emmanuel.

E: Ich weiß, mein Freund, ich weiß. Es ist Teil eines natürlichen Widerwillens, den ihr menschlichen Wesen gegenüber der Unausweichbarkeit des evolutionären Prozesses habt. Doch Dein Leben verläuft nicht in zufälliger Weise. Die Grundlage für Deine gegenwärtige Inkarnation wurde vor Hunderten von Jahren geschaffen.

W: Der Plan der Weisheit.

E: Genau. Wenn eine Seele sich auf den Weg begibt, um sich mit Gott zu vereinen, trifft sie in diesem Moment eine Entscheidung, die bis in die Unendlichkeit hinein gilt. Sie bekennt in diesem Augenblick: »Das ist der Weg, den ich gehen werde, denn das ist der Ort, an dem ich sein will.« Wenn eine Seele diese fundamentale Aussage gemacht hat, sind alle Leben und alle Erfahrungen auf dieses Thema gerichtet, und so ist es auch in Deinem Fall. Verlasse Dich darauf, mein Freund, und würdige das Maß an Entwicklung, das in Deinem Leben erfolgt ist.

W: Erfülle ich denn wirklich mein Schicksal, Emmanuel? Der Grund, warum ich so darauf herumreite, ist, daß mir in all den Jahren so viele Menschen so schreckliche Dinge vorausgesagt haben. Nichts davon scheint einzutreten, und trotzdem kann ich nicht anders, als mich schuldig zu fühlen und mich andauernd zu fragen, was von dem, was ich hätte tun sollen, ich nicht getan habe oder was ich getan habe und besser nicht hätte tun sollen. Das ist kein sehr angenehmes Gefühl. Doch Du sprichst oft davon, wie außergewöhnlich meine Entwicklung in diesem Leben gewesen ist, während ich mir ständig vorwerfe, nicht genug getan zu haben.

E: Und daß Du die Erwartungen anderer Leute an Dich nicht erfüllt hast. Aber wer kann das von Dir erwarten, mein Freund? Wer kann Dir sagen: »Ah, Du hast Größe, und sie muß sich darin und darin äußern?« Es ist schon anstrengend genug, was Du von Dir selbst verlangst. Ich möchte diesen Gedanken noch einmal ausführen, denn er plagt Dich schon einige Zeit, und ich möchte, wenn ich darf, diese Situation klären, damit er Dir keine Sorge und Last mehr ist und auch keine Abschreckung für Deine wirkliche und natürliche Entwicklung mehr darstellt.

Was bedeutet das, daß Dir Größe vorhergesagt worden ist? Oh, ich spreche nicht zu Deinem bewußten Geist. Natürlich bist Du vernünftig und gesund und weißt auf dieser Ebene genau, daß die Durchschnittlichkeit des anderen Größe ist. Doch was bedeutet es tief in Deinem Innern für Dich, diese Last mit Dir herumzutragen, nicht das zu erfüllen, wovon Du glaubst, daß es Dein Schicksal in diesem Leben sei. Schicksal ist das Bewußtsein der Seele, das immer stärker und leichter dem Licht und der Wahrheit und dem Einssein entgegenfließt. Es gibt kein Schicksal außer diesem.

Am Anfang der Entwicklung Deines Seelenbewußtseins stand das Bekenntnis: »Ich will heraus aus meiner Getrenntheit, der Dunkelheit und Angst. Ich will zu meinem Einssein und meinem Licht und meinem Frieden.« Seitdem sind alle Deine Leben zu diesem und zu keinem anderen Zweck gelebt worden. Natürlich hat es in Deinem Bewußtsein kleinere Stürme, viele Turbulenzen, viel Suche, viele Irrtümer und viel Erfüllung gegeben. Doch wir sprechen von dem tieferen Bewußtsein, mit dem Du immer vertrauter wirst.

Schau Dich an, mein Freund, schau Dich an und sieh in Dir das menschliche Wesen, das Du bist. Siehst Du nicht die Herrlichkeit darin? Ich kann nicht glauben, daß Du sie nicht siehst. Nur falsche Bescheidenheit hindert Dich daran zu sagen: »Ja, ich habe außerordentliche Dinge vollbracht, und ich bin ein strahlendes und schönes Beispiel für die Manifestation Gottes in menschlicher Gestalt.« Die Wohltaten, die andere durch Dich erfahren haben, kann ich nicht aufzählen. Und doch ist da dieser Perfektionismus, der bewirkt, daß Du gering achtest, was Du anderen gibst. Du bemühst Dich, etwas zu geben, das kein menschliches Wesen geben kann. Doch wer verlangt diese Perfektion, mein Freund? Nur ihr Seelen, die ihr in menschlicher Gestalt lebt und die ihr glaubt, daß dies die Voraussetzung sei, um eins mit Gott zu werden. Sie ist es nicht. Die Voraussetzung ist Aufrichtigkeit und ein offenes Herz.

Diese Art von Perfektion wird verlangt. Das perfekte Verlangen, das voll verwirklichte Begehren. Darüber hinaus ist alles überflüssig. Bloße Verpackung, wenn Du so willst. Diese Verpackung ist an sich nicht schlecht, doch es ist die darunterliegende Substanz Deines Wesens, auf die ich Deine Aufmerksamkeit lenken möchte, denn Dein Gefühl von fehlender Erfüllung hast Du auf grausame Weise selbst verursacht, es müßte nicht bestehen.

Ich sage nicht, höre auf, Dich weiter zu entwickeln, zu leben, du hast Dein Soll erfüllt. Ich sage es nicht, denn das Bewußtsein hört nie auf zu wachsen. Es gibt keinen Zeitpunkt, an dem das Leben in oder außerhalb des Körpers endet, keinen Zeitpunkt, an dem das Verlangen, die Verantwortung für den Mitmenschen endet. Das wird nie geschehen. Sobald sich diese Erkenntnis im Bewußtsein der Seele eingeprägt hat, geht es unaufhaltsam weiter durch die Ewigkeit hindurch. Doch ich sage Dir: Schau Dir das an, was Du bereits getan hast, denn nur, wenn Du siehst, wo Du gewesen bist und was Du getan hast, kannst Du beginnen, in die Zukunft zu blicken.

Würdige Deine Arbeit, wenn sie gut getan ist, mein Freund. Lege die Last ab, die Du unaufhörlich trägst, und erkenne das, was vollendet worden ist, als vollendet an. Du hast erreicht, was Du bis zu diesem Punkt in Deinem Leben erreichen solltest. Du bist kaum einer Sache aus dem Weg gegangen, und wenn Du aufgegeben hast – was alle Menschen tun –, hast Du Dich so streng dafür gestraft, daß niemand anderem etwas zu sagen blieb. Das Maß ist nun voll, und alles weitere würde bedeuten, unnachsichtig gegen Dich selbst zu sein, unentwegt etwas von Dir zu fordern und Dir endlose Vorhaltungen zu machen, statt Deine menschliche Natur zu akzeptieren und zu sagen: »Das ist es also, was ich getan habe. Ist es nicht bemerkenswert?« statt immer zu wiederholen: »Schau, was ich versäumt habe.«

Wie ich Dir schon gesagt habe, gibt es natürlich noch mehr zu tun. Es gibt immer noch mehr zu tun. Der schöpferische Funke leuchtet immer wieder auf, wird kleiner, leuchtet wieder auf und wird wieder kleiner. Er ist wie die Flamme einer Kerze, die, wenn sich die Tür des Bewußtseins öffnet und ein Luftzug eindringt, neue Kraft gewinnt, mehr von der Dunkelheit erleuchtet und dann, bevor die nächste Stufe der Entwicklung und des Fortschritts beginnt, wieder kleiner zu werden scheint. Doch es scheint nur so, denn Du hast Dich an das hellere Licht gewöhnt. Und dann öffnet sich die Tür Deines Bewußtseins wieder, und wieder kommt ein Luftzug hinein, und die Kerze erstrahlt wieder heller, und wieder wird mehr erleuchtet. Es ist ein ewiger Prozeß.

W: Danke, Emmanuel, und sei gesegnet, und doch frage ich mich immer noch: »Was ist mit Dir, Wingate? Warum bist Du nicht in der Lage, mehr zu sein und mehr zu tun?«

E: Ich weiß, ich weiß. Ich höre diese Forderung, die Du so ungerechtfertigterweise an Dich stellst. Laß mich noch einmal darauf eingehen. Wie ich Dir bereits gesagt habe, ist die Last, die Du Dir selbst auferlegst, grausam und ungerecht, unnötig und einschränkend. Einschränkend, weil Dir diese Forderung Zeit und Aufmerksamkeit entzieht und Dich darum an der Entwicklung hindert, nach der Du so sehr verlangst. Es ist wie ein Teufelskreis.

Es ist darüber hinaus wirklichkeitsfremd, denn in Wahrheit ist das Herz das Wesentliche bei Deiner Aufgabe. Es genügt, ein liebender und mitfühlender Mensch zu sein. O ja, ich weiß, daß Du nicht vollkommen bist, doch das Wesentliche ist nicht Deine Unvollkommenheit, sondern Deine Liebe. Wenn Du diese Liebe finden und wirklich fühlen kannst, möchte ich, daß Du Dir selbst wieder und wieder gelobst, daß dies genug ist, denn solange Du das nicht akzeptieren kannst, lieber Freund, verschließt Du Dir selbst die Tür zu der Vervollkommnung, nach der Du Dich so sehnst.

Ich meine damit nicht, daß Du Deine Wünsche nach spiritueller Gemeinschaft und Führung aufgeben sollst. Doch es ist Deine tiefe Liebe und Anteilnahme, die andere zu Dir führt – nicht die Belehrung, nicht die göttliche Inspiration, sondern Wingate der Mensch, Wingate das mitfühlende menschliche Wesen. Das ist so selten, daß die, die Dich kennen, sich an dem Feuer Deiner inneren Anteilnahme wärmen wollen. Das ist genug. Ich kann Dir das nicht oft genug sagen.

Wenn Du diese Anteilnahme wirklich fühlst, was oft nicht der Fall ist, da Du so hohe Forderungen an Dich stellst, daß Du die Wärme Deines eigenen Herzens nicht spürst, und wenn Du Dir gestattest, diese Anteilnahme zu fühlen, ihr Glauben zu schenken und daran zu glauben, daß sie von äußerster Bedeutung ist, dann wird Dir alles andere offenstehen. Denn dann wirst Du die Kraft der menschlichen Liebe und des menschlichen Herzens verstanden haben, und das allein bewirkt schon göttliche Inspiration und

Führung. Sage mir jetzt nicht: »Wer bin ich denn, daß ich als Mensch anderen sagen soll, wie sie meiner Erfahrung nach leben sollten«, denn Du bist Wingate, und Du bist eine liebende Seele.

Es ist keine Frage, daß Du geistige Anleitung erhalten wirst. Es ist keine Frage, daß die göttliche Führung Dich ständig begleiten wird, daß sie stärker und deutlicher werden wird. Der Mangel, den Du verspürst, rührt daher, daß Du glaubst, es sei nicht genug, der zu sein, der Du bist. Wenn von Demut die Rede ist, mein Freund, so ist damit nicht diese Scheindemut gemeint, die von vielen häufig mit wirklicher Demut verwechselt wird. Es bedeutet, Dich als die strebende und schöne Seele zu sehen, die Du bist, und nicht nach mehr zu streben, denn mehr als das gibt es nicht. Es gibt nicht mehr als das liebende, aufrechte Sehnen und Verlangen, mit Deinen Mitmenschen und mit Gott eins zu werden. Das ist es, worum es im ganzen Universum geht.

W: Ich weiß, daß es verrückt klingt, Emmanuel, aber Du bist mein bester und teuerster Freund.

E: Danke, und glaube mir, es ist in keiner Weise verrückt, denn wie ich Dir bereits gesagt habe, sind wir uns früher schon begegnet und werden uns auch in Zukunft wieder begegnen.

W: Sind wir früher je durch unser Lehren und Dienen verbunden gewesen, wie wir es jetzt sind?

E: Nicht in der Weise, wie Du es Dir vorstellst und wie es Dir am besten gefallen würde. Ich bedaure, mein Freund. Doch mit Sicherheit ist zwischen uns schon in früheren Leben in diesem Bereich viel geschehen. Doch nun stehen wir auf der Schwelle zu einer Veränderung.

W: Wie kommt es, Emmanuel, daß Du und die anderen Geister um mich herum als Seelen, als Wesen, die nur als

Bewußtsein existieren, immer männlichen oder weiblichen Geschlechts zu sein scheinen? Ist eine Seele nicht androgyn?

E: Selbstverständlich, doch solange Du in der Dualität zwischen Mann und Frau verhaftet bist, besteht immer eine Neigung zur Identifizierung mit dem einen oder dem anderen Aspekt. Solange Du in diesem dualistischen Denken bleibst, werden Seelen höchstwahrscheinlich entweder als männlich oder weiblich wahrgenommen, je nach der Verbindung, die sie mit Dir haben, und je nachdem, welcher Aspekt von Dir und welcher Aspekt von ihnen zu diesem Zeitpunkt in Deinem Leben vorherrscht. Mit anderen Worten, wir alle sind androgyn, auch Du. Und doch ist es sehr schwierig, diese Vereinheitlichung in Deiner physischen Welt zu akzeptieren, denn Du lebst in einer Entweder-Oder-Illusion. Doch mittlerweile gibt es ein Streben, ein Bedürfnis nach einem Zustand tieferer Einheit. Die Dinge passen sich, wie Du weißt, immer mehr einander an, und viele Menschen akzeptieren ihre androgyne Natur.

Einige äußern es durch ihre Homosexualität, was mit Sicherheit eine Verkehrung darstellt, doch eine, die nichtsdestoweniger langfristig durchaus eine gesunde Wirkung haben kann. Ich behaupte in der Tat, daß Homosexualität, sei sie männlich oder weiblich, eine Abweichung darstellt, denn in Deiner Zivilisation muß man noch immer die sexuelle Struktur der physischen Realität, in der ihr existiert, akzeptieren. Für sich allein betrachtet ist die Homosexualität ein Anzeichen eines wachsenden Bewußtseins, in dem jeder Mensch beide Aspekte in sich akzeptieren können wird, den nehmenden und den gebenden, den maskulinen und den femininen. Keiner wird mit einer Bürde belastet sein, noch werden sie nach besser oder schlechter beurteilt werden.

W: Ich habe noch eine Frage zu meinen früheren Leben, Emmanuel, und sie hat mit Jesus zu tun. Ich habe in der letzten Zeit mehrmals zu Schülern gesagt: »Das hat Jesus nicht gelehrt« oder »Das hat er nicht gesagt«, wenn von einem Bibelzitat die Rede war. Wenn ich dann gefragt wurde, woher ich das wüßte, antwortete ich zu meiner eigenen Überraschung: »Weil ich dabei war«, was natürlich absolut anmaßend klingt. Aber weißt Du, Emmanuel, es gibt Zeiten, in denen ich wirklich das Gefühl habe, dabeigewesen zu sein.

E: Das Spüren der Gegenwart Christi hat eine große Bedeutung für Dich, lieber Freund, denn in den Lehren, die Du weitergibst, lebt ein Teil seiner Absicht. Ob Du nun Deine Gegenwart dort behauptest oder seine Gegenwart hier, bleibt ganz Dir überlassen.

Denn dieses tiefe und große Erlebnis der Weisheit dieses Wesens, dieses erleuchteten Wesens, dessen Du Dir bewußt wirst, ist eine Erfahrung, die wahrhaftig jedem Menschen offensteht.

Alles, was nötig ist, ist, danach zu fragen. Es ist soviel Güte in euch Menschen, doch sie wird bewacht und im Herzen jedes einzelnen verteidigt, daß ihr davor zurückscheut, euren Wunsch auch nur zu flüstern. Wenn Du die, die zu Dir kommen, lieber Freund, ermutigen könntest, ihre Herzen dem eigenen tiefen und ewigen Verlangen zu öffnen und ihren Wunsch zu äußern, so wie Du es getan hast, wäre das eines der wichtigsten Geschenke, das Du geben kannst.

W: Aber was werde ich sagen, Emmanuel? Woher werden die Worte kommen?

E: Aus Deinem Herzen, lieber Freund. Aus Deinem Herzen. Du bist ein heiliger Mann, und was immer Du in Deinem Herzen spürst, solltest Du sagen.

W: Das ist eine furchteinflößende Verantwortung, Emmanuel.

E: Das ist es, doch es ist gleichzeitig eine Gelegenheit, Dich auf Deine eigene Führerschaft vorzubereiten.

W: Das heißt also, daß es auf einer Ebene meine Worte und meine Lehren sein werden, und auf einer anderen Ebene werde ich meine Worte sein, und auf wieder einer anderen Ebene wird es mich nicht mehr geben, nur noch uns – doch leider bin ich noch nicht an diesem beglückenden Punkt angelangt. Ich muß noch um einiges wachsen, Emmanuel. Entwickelst Du Dich da, wo Du bist, auch noch weiter, Emmanuel?

E: Allerdings.

W: Aber auf dieser Stufe gibt es keinen Zweifel und keine Schuld mehr, oder?

E: Sie sind zum Glück aufgelöst und umgewandelt worden. Ich entwickele meine Fähigkeit, die wahre Bedeutung Gottes, die wahre Bedeutung der Kreativität, des ewigen Wachstums zu begreifen, und daher brauche ich mich nicht länger mit Schuld zu belasten, denn ich glaube nicht, daß auch nur ein Molekül meines Bewußtseins von Seinem verschieden ist.

W: Du sagst, daß der letzte Schritt, den jede Seele tun muß, in der völligen Hingabe an den Willen Gottes besteht. Hast Du diesen Schritt bereits getan, Emmanuel?

E: Ja, ich habe diesen Schritt getan.

W: Ja, natürlich, denn ich glaube, Du hast weiter gesagt, daß, sobald eine Seele diesen Schritt vollzogen hat, ihre Lehrzeit beendet ist und sie zu einer Stufe voranschreiten kann, auf der es keine Schuld, keinen Zweifel und keines der anderen Gefühle gibt, mit denen sie bis dahin gerungen hat.

E: Genau. Du hast in Deinem eigenen Bewußtsein Augenblicke erlebt, da alle Fesseln von Dir abfielen und Du Dein Einssein und Deine ewige Wirklichkeit spüren konntest. Ich habe gelernt, in diesem Zustand zu leben.

W: Mit anderen Worten, Du bist ständig in dem Raum, den ich nur hin und wieder für einen Augenblick betreten kann. Das muß die Glückseligkeit sein, Emmanuel.

E: Das ist sie, mein Freund. Das ist sie in der Tat. Du wirst es sehen.

17. Juli 1980

E: Es ist eine große Freude für mich, Dich auf diese Weise wiederzusehen, mein Freund. Auch wenn wir im Laufe des Tages häufig miteinander sprechen, Du und ich, so gibt es doch selten Zeiten so konzentrierter Kommunikation wie hier in diesem Raum. Statt mich wie sonst nur auf einer höheren Ebene des Bewußtseins wahrzunehmen, möchte ich mich heute morgen auf eine andere Weise zu Dir gesellen und mich, wenn ich darf, zu Deiner Linken setzen. Denn ich existiere ebenso, wie Du existierst, und wir sind im wesentlichen eins. Suche mich also nicht dort oben. Du kannst mich hier an Deiner Seite Deine Hand halten sehen, wie ich es schon oft tun wollte. Diese Vertrautheit muß zwischen unseren Bewußtseinsebenen erlaubt sein. Das ist sehr wichtig.

Wenden wir uns nun den aktuellen Angelegenheiten zu, lieber Freund. Etwas scheint Dich zu belasten.

W: Ja, Emmanuel, das stimmt. Es hat vor allem mit meinem Buch »Tilling the soul« zu tun. Die Verleger reißen sich nicht gerade darum, und es fällt mir schwer, nur dazusitzen und nichts zu tun.

E: Irgend etwas zu tun, ist natürlich viel leichter, als das zu tun, was nach Nichtstun aussieht. Doch, wie Du weißt, kann Nichtstun häufig viel produktiver sein. Durch das wunderbare Vertrauen, das Du durch Deine vergangenen Erlebnisse in Dir gefunden hast, konntest Du erkennen, daß die Weisheit der Seele, wenn man sie nicht hindert, zu den gewünschten Ergebnissen führt. Es besteht gar kein Grund zur Besorgnis, was die Veröffentlichung Deiner Arbeit betrifft, doch es ist noch nicht die richtige Zeit für Dich, um einzugreifen.

Ich möchte nicht geheimnisvoll klingen, aber der Sinn des Lebens ist die Entwicklung der Seele und nicht das Schreiben oder Veröffentlichen von Büchern. Daher möchte ich mit Dir über die Entwicklung der Seele sprechen. Sie besteht darin, den bewußten Willen aufzugeben und die Autorität des Höheren Willens anzuerkennen. Sie besteht darin, seiner Intuition und nicht dem bewußten Denken zu folgen und darauf zu vertrauen, daß Dir die gesuchte Weisheit offenbart wird, sobald die Zeit dafür gekommen ist, ganz gleich, ob Du in diesem Raum oder anderswo bist. Es ist alles gut, mein Freund, es ist alles gut. Was sonst kann ich Dir noch sagen? Deine Bemühungen sind nicht vergebens, sie werden zu geeigneter Zeit Früchte tragen.

W: Was hältst Du davon, wenn ich einiges von dem, was Du mir in unseren Dialogen gesagt hast, in das Buch aufnehme?

E: Nein, nein, es ist Dein Buch.

W: Unser Buch, Emmanuel. Erinnere Dich daran, wir sind Partner.

E: Das stimmt, lieber Freund, es ist unser Buch. Doch nicht ich bin es, der Dich erleuchtet, sondern Du bist es, der mich erleuchtet. Und wenn ich »Ich« sage, spreche ich als Wortführer für uns alle, die wir, wie jetzt Du und ich, an der Ausbildung der Welt beteiligt sind. Vielleicht sollte ich Dich hinsichtlich des Wertes dessen, was Du geschaffen hast, belehren, mein Freund, denn Du neigst dazu, ihn sehr bescheiden zu beurteilen und zu übersehen, daß es für viele, viele Menschen ein Schlüssel zu wesentlichen Entwicklungen sein kann. Denke für einen Augenblick an eine Stadt, die auf einem Meer von Verwirrung, Not und Angst treibt, wie es viele Deiner Mitmenschen zur Zeit erleben, und stelle Dir dann vor, was ihnen das wegweisende Licht einer Lehre wie der Deinen geben würde. Wie kannst Du nur die ungeheure Bedeutung Deines Werkes verkennen, mein Freund? Warum tust Du Dich so schwer damit, das Licht und die Weisheit in Dir anzuerkennen? Es scheint viel leichter und angenehmer für Dich zu sein, sie jemand anderem zuzusprechen, als sie für Dich selbst zu beanspruchen. Doch Du mußt nun damit beginnen, sie für Dich zu beanspruchen. Du mußt damit beginnen.

W: Es wäre sehr viel leichter, wenn ich das Wort »Ich« weiter im Sinne eines Herausgebers unseres gemeinsamen Werkes verwenden könnte. Welcher wunderbare Ausdruck der perfekten Vereinigung, der vollkommenen Einheit. »Wir« und »uns« haben mir immer ein so angenehmes Gefühl der Partnerschaft und Zusammengehörigkeit gegeben, und das tun sie natürlich immer noch, doch ich erkenne auch, daß in ihnen der Gedanke der Verschiedenheit enthalten ist. Es kann kein »wir« geben, ohne daß auch ein »ich« und ein »du« bestehen. Doch wenn ich dann wieder an diesem Ort in mir bin und Du an diesem Ort in Dir bist, in dem wir beide wirklich eins sind, gibt es kein »wir« mehr, sondern nur noch »ich«.

Doch selbst in dieser Gegenseitigkeit müssen wir diese Worte äußerster Verschiedenheit verwenden, und daher möchte ich, wenn »wir« noch Zeit haben, lieber Emmanuel, über eine weitere Angelegenheit mit Dir sprechen. Erinnerst Du Dich daran, wie Du letztes Mal, als ich hier war, kurz über Homosexualität gesprochen hast? In der Zwischenzeit sind zwei homosexuelle Schüler zu mir gekommen. Ich weiß nicht allzuviel über Homosexuelle, doch sie sind auch Seelen und haben die gleichen spirituellen Bedürfnisse wie alle anderen, nicht wahr?

E: Natürlich, darüber besteht kein Zweifel. Sie sind in dem gleichen Entwicklungsprozeß begriffen wie Du selbst. Obwohl sie sich entschieden haben, vom natürlichen Weg der physischen Fortpflanzung abzuweichen – viele nur, weil es zur Zeit modern scheint –, entfremdet sie das nicht, wie viele von ihnen glauben, von dem Rest der Menschheit. Viele sind nicht in erster Linie homosexuell, sondern waren einsam, fühlten ein Bedürfnis nach Zugehörigkeit und wurden plötzlich mitgerissen von dem Reiz und dem starken Zulauf dieser Lebensweise, daher ist es das beste, die Unterschiede zu vernachlässigen und sich, wie Du es vorgeschlagen hast, auf die Einheit, das Gemeinsame zu konzentrieren.

Sprich als Freund zu ihnen, doch auch als Vater, was ebenso Teil Deines Wesens ist, und leite sie an, ihre Verwirrungen und Nöte nicht zu übersehen, sich aber auch nicht von ihnen lähmen zu lassen. Denn jede Seele hat sich in ihr eigenes Leben gewandet, mit allem was sie braucht, um zu wachsen und sich zu verwandeln. Ihre Sexualität ist nur ein sehr kleiner Teil dessen, was sie wirklich ist. Es ist einfach nur ein Aspekt des Strebens der Seele nach Ausdruck. Wo es Schwierigkeiten gibt, muß ihnen geholfen werden zu begreifen, daß sie die Stimme der Wahrheit nicht vernehmen. Wenn sie es täten, gäbe es diese Vielzahl von Schwierigkeiten nicht, die sie in ihren Beziehungen erleben.

Diese Wahrheit kann in der Meditation erfahren werden, und diese Wahrheit wird ihnen Frieden und Erfüllung bringen, auch wenn sie vielleicht bedeuten kann, daß sie die Maske, die sie erst kürzlich aufgesetzt haben, wieder abnehmen und ihre wahre Identität entdecken müssen. Das allein verlangt schon ungeheuren Mut. Für diejenigen, die darum gekämpft haben, ihre innere Wahrheit zu finden, und diese in der Homosexualität gefunden haben, bleibt mir nichts als Respekt und Bewunderung. Für diejenigen, die nicht aufrichtig darum gekämpft haben, sondern sich nur etwas anschließen, das nicht ihre eigene Wahrheit ist, bleibt mir nur der Rat, sie zu finden, bevor sie irgendein Bekenntnis abgeben.

W: Es ist sehr wichtig, was Du sagst, Emmanuel. Ich frage mich, ob es mir recht wäre, Dich mit denen zu teilen, die zu mir kommen, um zu lernen.

E: Das liegt ganz an Dir, mein Freund. Wenn Dir scheint, daß in dem, was ich sage, Weisheit ist, dann solltest Du sie auf alle Fälle mit anderen teilen. Wir sind nicht nur zusammengekommen, um Dich durch eine Krise hindurchzuführen, wie Du weißt. Wir sind zusammengekommen, weil es Arbeit zu tun gibt. Doch traue Deiner eigenen Intuition, Deiner eigenen Weisheit, Deiner eigenen Wahrheit. Denn es ist Deine Wahrheit, die Du teilst, ebenso wie meine. Es ist wichtig, daß Du das erkennst, denn nichts von dem, was ich sagen könnte, wird Dir als wahr erscheinen, wenn es nicht bereits Teil Deines Wissens ist. Es würde viel zu fremdartig für Dich klingen, als daß Du es akzeptieren könntest, und Du würdest es zu Recht in Frage stellen oder zumindest bis zu einem späteren Zeitpunkt beiseitelegen. Was immer dem Herzen als wahr erscheint, muß durch eine Stimme im Herzen selbst als wahr bezeichnet worden sein.

Meine Wahrheit ist Deine Wahrheit, so wie Deine Wahrheit meine Wahrheit ist, und auch das ist ein Weg, miteinander in Verbindung zu treten und unsere Einheit zu erfahren. Wenn wir diese Wahrheit mit anderen teilen, erweitert sich der Kreis. Wenn es einige in der Gruppe gibt, die sich dieser Wahrheit nicht verbunden fühlen, so bedeutet das nicht, daß sie nicht dorthin gehören. Es bedeutet, daß da eine andere Stimme ist, die sie wahrnehmen, und diese Stimme muß entdeckt und hervorgebracht werden. Es kann die Stimme ihrer eigenen Einzigartigkeit sein, eine Stimme, die einen eigenen Weg verkündet, aber es kann auch die Stimme der Verwirrung und Verweigerung sein. Dann könntest Du ihnen helfen. Es ist wieder allein eine Frage des Vertrauens, des Vertrauens und nur des Vertrauens. Und wie soll jemand Gott und dem Universum trauen, wenn er seiner eigenen Intuition nicht trauen kann?

Weißt Du, lieber Freund, wenn ich glaubte, daß Du es

annehmen würdest, so würde ich einen Anzug für Dich entwerfen, den Du im Geiste tragen könntest, um Deine Selbstachtung zu steigern, so daß Du Deine eigene Weisheit, die Du mit anderen teilst, spüren kannst. Doch Du würdest dessen schnell müde werden und ihn ablegen, weil er Dir mehr Würde verleihen würde, als Dir angenehm wäre.

W: Vielleicht könnte ich mich mir selbst von Zeit zu Zeit in einem Mönchsgewand vorstellen, Emmanuel, doch alles, was darüber hinausgeht, auch wenn es nur in Gedanken ist, würde mir so vorkommen, als spielte ich mich als selbsternannter Meister auf, und das möchte ich nicht. Ich möchte, daß meine Schüler durch ein Gefühl der Einheit und Partnerschaft, so wie es zwischen uns besteht, mit mir verbunden sind.

E: Natürlich, mein Freund, und es gibt keinen Grund, warum es nicht so sein sollte. Doch neben der Wirklichkeit der allumfassenden Einheit besteht in der physischen Welt eine Dualität, und in dieser Dualität besteht kein Zweifel darüber, daß Du ein Lehrer der Wahrheit bist, daß Du tatsächlich ein Meister bist, und auch wenn ich Dir nichts aufzwängen will, so möchte ich doch, daß Du Dich mit dieser Dualität etwas leichter tust.

W: Ich habe nicht das Gefühl, daß ich es verdiene, Meister genannt zu werden, Emmanuel.

E: Ich weiß, mein Freund, ich weiß. Doch was glaubst Du, bedeutet es, ein Meister zu sein? Was glaubst Du, welche Anforderungen es an Dich stellt und wie es sich äußert? Muß ein Meister eine große Zahl von Anhängern haben? Nicht unbedingt. Muß er einen großen Ashram haben oder ein Guru werden? Sehr selten, meistens nicht. Ein Meister ist in meiner Auffassung jemand, der das Rätsel der menschlichen Existenz gelöst hat, der ihren Sinn versteht und der bereit ist, darüber Zeugnis abzulegen.

W: Ist das alles, Emmanuel? Und es spielt keine Rolle, ob andere von seinem Verständnis der Dinge angezogen werden?

E: Überhaupt nicht, mein Freund, überhaupt nicht. Die Aufgabe eines Meisters besteht nicht darin, andere zu verändern, sondern nur darin, verfügbar zu sein.

W: Danke, Emmanuel, und sei gesegnet. Du hast es mir sehr erleichtert, mich mit diesem neuen Bild meiner selbst anzufreunden. Doch Du solltest wissen, daß es noch immer eine gewisse Zeit dauern wird, bevor ich es ganz annehmen kann.

E: Um mit dem sanften Stolz des Meisters und dem offenen Herzen des Weisen leben zu können? Das ist nur natürlich, mein Freund, aber Deine Bereitschaft, meiner Belehrung in diesem Punkt, wie auch überhaupt in unserer Kommunikation, zu folgen, ist wahrlich ein wunderbares Geschenk für mich, und ich möchte, daß Du weißt, wie sehr ich es würdige.

20. Dezember 1980

W: Ich scheine wieder einmal auf einer Lernstufe festzustecken, Emmanuel, vielleicht ist es aber auch immer noch die gleiche. Ich weiß jedoch, daß es noch so viel mehr gibt und ich mich weiterentwickeln will, und bin deshalb ungeduldig.

E: Alles zu seiner Zeit, mein Freund, alles zu seiner Zeit. Du möchtest Deinen Platz in dem größeren Zusammenhang der Dinge einnehmen, ich weiß das, und Dein Bewußtsein, Deine Neugier, Deine Fragen, Dein Wunsch nach Verständnis sind in der Tat sehr umfassend. Doch die Wirkung solch einer Entwicklung des Bewußtseins kann Dich manchmal sehr schnell an Grenzen führen, die der wahren Natur dieser Entwicklung zu widersprechen scheinen. Und doch tun sie es nicht, denn es gibt Elemente des menschlichen Bewußtseins, die in sich Begrenzungen tragen, die für das betroffene menschliche Wesen sehr notwendig sind. Darin liegt ein weiterer wichtiger Aspekt des Lernprozesses. Solange Du in menschlicher Gestalt lebst, kannst Du nicht alles das sein, was Du wirklich bist. Das klingt wie ein Widerspruch, nicht wahr?

W: Allerdings, Emmanuel.

E: Und doch ist es kein Widerspruch, lieber Freund, denn je mehr Du Dich der Schwelle zum spirituellen Verständnis näherst, um so stärker spürst Du die Beschränkungen des menschlichen Daseins. Während sich das Bewußtsein immer mehr erweitert, während es immer weiter zunimmt und alle Fähigkeiten immer deutlicher zutage treten, werden auch die Umrisse der menschlichen Unvollkommenheiten immer schärfer. Doch dagegen sollte man nicht aufbegehren oder kämpfen oder einfach die Augen verschließen. Es sollte verstanden und angenommen werden.

W: Wir können also erkennen, daß etwas wahr ist, aber wir können es nicht als wahr erfahren, solange wir in menschlichen Körpern leben.

E: Richtig. Ich sage damit keinesfalls, daß es nicht noch mehr Bereiche gibt, die erweitert und erfahren werden können, durchaus nicht, doch die menschliche Fähigkeit zu verstehen hat Grenzen, und es ist sinnlos, wenn Du verlangst, über diese Grenzen hinauszugehen.

W: Aber was ist dann mit dem Bewußtsein Christi, Emmanuel, oder dem Bewußtsein Buddhas? Ich, wir alle können doch hoffen, so weit zu gelangen, nicht wahr?

E: Es scheint so, mein Freund, doch wie kann das jemand wirklich wissen, ohne die persönliche Erfahrung Christi, Buddhas oder einer anderen der entwickelten Seelen, die es von Zeit zu Zeit auf der Erde gab. Wie kann man wissen, welches ihre wahre Natur war, ob sie menschlich oder göttlich war? All das fällt viel eher in den Bereich des erweiterten als des menschlichen Bewußtseins.

Als Du das Bewußtsein Christi oder Buddhas erwähntest, sprachst Du von ihnen als von menschlichen Wesen, so wie Du eines bist. Es besteht jedoch ein Unterschied. Wenn es nicht möglich wäre, daß jemand von höherer Weisheit menschliche Gestalt annimmt, worauf könntest Du dann hoffen, wenn der Kreislauf Deiner Wiedergeburten abgeschlossen ist? Und wenn das, was Du Dir unter höherem Bewußtsein vorstellst, nicht übertroffen werden könnte, welchen Zweck hätte dann die sorgfältige Erziehung und

Entwicklung der individuellen Seele? Natürlich gibt es Weisheit, die über die Deine hinausgeht, und meine ursprüngliche Absicht, als wir unser Gespräch begannen, war, Dir zu sagen, daß nicht alles hier möglich ist, daß nicht alles hier in Deiner physischen Welt erreicht werden kann. Es gibt mehr, es gibt viel mehr, was noch auf Dich wartet und dem Du Dich in einer vernünftigen Geschwindigkeit nähern wirst, gemäß Deinen Fähigkeiten und Deiner Bereitschaft zu wachsen.

W: Wer würde je etwas anderes wollen, Emmanuel? Wer würde wollen, daß seine Ausbildung endet, sobald er das Diplom in, wie ich es nenne, Bewußtsein Christi, oder vielleicht sollte ich sagen Bewußtsein Jesu, erreicht hat, in der Schule des Planeten Erde? Hast Du nicht selbst immer gesagt, daß die wichtigste und letzte Lektion, die wir hier in dieser Schule lernen müssen, bevor wir unseren Abschluß erhalten, darin besteht, den Willen Gottes, so wie er sich in einem offenen Herzen zeigt, vollständig anzunehmen? War es nicht genau das, worum es im Leben Christi ging?

E: Wenn Du vom Bewußtsein Christi sprichst, so meinst Du damit Aspekte des Menschen Jesus, der sich dem Willen Gottes hingegeben hat.

W: Ja. Das und alles, was darüber hinaus zu dieser Stufe höheren Bewußtseins gehört, wie die bedingungslose Liebe, Freude und ein Gefühl der vollständigen Einheit mit allen Dingen. Die Art von Bewußtsein, in der Du lebst, Emmanuel. Und ich glaube, daß das Bewußtsein Buddhas, ebenso wie das kosmische Bewußtsein oder das, was ich Bewußtsein der Seele nenne, alle den gleichen Aspekt des Bewußtseins Christi enthalten.

E: Wir sprechen von gewichtigen Dingen, Du und ich. Dies ist ein Teil des Austausches mit Dir, der mir viel Freude macht.

W: Auch ich habe viel Freude daran, mein teurer Freund und Lehrer.

E: Wir sind durch einiges gemeinsam hindurchgegangen, in vergangenen wie auch in diesem Leben. Ich kann Dir nicht sagen, wie angenehm es war und auch weiterhin sein wird, Dir in dieser Weise wiederzubegegnen und Dich durch meine Anleitung an diesen Punkt in Raum und Zeit geführt zu haben, denn ich sehnte mich so danach, mit Dir zu reden. In Deiner Welt könnte dies vielleicht als Manipulation aufgefaßt werden, gäbe es nicht die gute Absicht, uns beide wieder zusammenzuführen.

W: Bist Du schon in der Vergangenheit mein Lehrer gewesen, so wie Du es jetzt bist, Emmanuel?

E: Nein, nicht in gleicher Weise. Es gab Zeiten, als wir Gefährten waren und voneinander lernten und ich nicht mehr Lehrer war als Du. Doch nun haben wir uns in eine vielleicht etwas deutlicher wahrnehmbare Trennung von Lehrer und Schüler entwickelt, doch möchte ich nicht, daß diese Unterscheidung zu sehr hervorgehoben wird. Jemand lernt, wenn er begierig ist zu lernen, ganz gleich, was das Hilfsmittel des Lernens ist, und wenn ich nicht in der Lage gewesen wäre, Dich zu erreichen, so hätte mit Gewißheit, und das weißt Du auch, das Lernen trotzdem stattgefunden. Wenn eine Seele bereit ist, so ist alles, wonach sie strebt, erreichbar, denn das gesamte Universum ist überreich an Lehren, welche die Weisheit bringen können. Es ist bereits alles da. Selbst in den Felsen und Bäumen, die die Erde bedecken, ist Weisheit.

W: Weißt Du, Emmanuel, ich glaube, daß ein Teil meiner Ungeduld, von der ich vorher sprach, daher kommt, daß ich in zahllosen Details steckenbleibe, die nicht so wichtig zu sein scheinen. Ich weiß, daß einiges davon sicher notwendig ist, wie z. B. auf die Ernährung zu achten, für meine physische Gesundheit zu sorgen, die Miete zu zahlen, usw. Zumindest hilft es mir, festen Boden unter den Füßen zu behalten. Doch ich frage mich trotzdem, ob mich nicht viele dieser Dinge einfach daran hindern, den nächsten Schritt zu tun, der, wie ich glaube, ein großer Schritt werden wird.

E: Du ahnst ganz richtig, daß der nächste Schritt, der aller Wahrscheinlichkeit nach der letzte und endgültige Schritt der Hingabe in den Höheren Willen sein wird, nicht nur bedeutet, alles, was wie eine Notwendigkeit erscheinen mag, aufzugeben, sondern auch, Dir selbst zu gestatten, und das mag etwas idealistisch klingen, nur noch das Ohr zu sein, das hört, und das Auge, das sieht, ohne dieses angehäufte Bedürfnis nach Gleichgewicht und Sicherheit, welches an diesem Punkt der Entwicklung der Seele zum Hindernis wird. Das bedeutet nicht, daß Du dann aufhören wirst zu essen oder physisch zu funktionieren. Ganz und gar nicht, aber diese Bedürfnisse werden ein anderes Gewicht haben. Du wirst sie nicht mehr aus einem Bedürfnis nach Sicherheit heraus tun müssen, sondern es wird einfach etwas sein, das Du ohne Anstrengung auf dieser neuen, erweiterten Stufe des Bewußtseins erledigen wirst. Wenn jemand sich frei dem Strom des Lebens überläßt, so bedeutet das nicht, daß er keine Struktur mehr hat, sondern vielmehr, daß sein Leben eine organische Struktur gewinnt oder, vielleicht noch zutreffender, daß die bestehende Struktur ihre Starre verliert und zu einer Form strukturloser Struktur wird, die Teil dieses erweiterten Zustandes ist.

W: So brauchen sich also nur unser Bewußtsein und unsere Wahrnehmung zu ändern.

E: Auch die Angst vor der Strukturlosigkeit, die in jedem menschlichen Wesen besteht, die Angst, daß einem die kosmische innere Struktur fehlen könne, die jedes Wesen von Natur aus besitzt.

W: Es scheint, es wird Zeit für mich, still zu sein, Emmanuel, und dieser neuen Erweiterung, von der Du sprachst, Gelegenheit zum Keimen zu geben.

E: Was zugleich eine Zeit höchster innerer Aktivität sein wird, lieber Freund. Einer Aktivität, die in keiner Weise durch das Bewußtsein gesteuert werden wird, sondern wie Deine tiefe Meditation eine sehr bewegte, lebendige und schöpferische Zeit, obwohl Du Dich dem äußeren Anschein nach in einem Zustand fast übermenschlicher Passivität befindest. Wenn Du diesen Zustand des Aufnehmens oder des Keimens, um dieses ausgezeichnete Bild von Dir aufzugreifen, erreicht haben wirst, sehe ich im Geiste ein strahlendes Licht, welches im Innersten Deines Wesens gebündelt ist und sich aus den Strahlen jedes für Dich wahrnehmbaren und nicht wahrnehmbaren Farbtons nährt, vom tiefsten Purpur bis zu dem strahlendsten Gold, und Du wirst vollständig umringt sein von diesen wunderbaren Strahlen reinen Bewußtseins. Wenn daher diejenigen, die beobachten und bewerten, meinen, daß Du Dich von der aktiven physischen Teilnahme am Geschehen zurückgezogen hast, so kann ich nicht anders, als über diese Verzerrung der Wirklichkeit lächeln.

W: Verzeih mir, Emmanuel, ich weiß, wie ungern Du über Zeit sprichst, doch wie lange werde ich in diesem Zustand des Keimens sein?

E: Nun, bis Deine natürliche Neigung, Dich wieder nach außen zu orientieren, neu erwacht. Doch diese Zeit des Keimens wird keine Zeit der Gefangenschaft oder der Starre sein. Es wird Zeiten geben, da dieses Keimen alles andere an Bedeutung überragen wird, und Zeiten, da es in einer verborgeneren Wirklichkeit stattfinden wird und anderes im Vordergrund stehen wird, doch wenn es einmal begonnen hat, wird das Keimen ein fast ununterbrochener Zustand bleiben. Sogar ich in meinem scheinbar höher entwickelten

Bewußtsein habe einen Zustand in mir bewahrt, der diesem sehr ähnelt. Es ist ein Zustand, in dem das reine Selbst erfahrbar wird, der Gott, der in unserem Bewußtsein ist, das Erleben des eigenen Keimens. Es ist die wahre Kreativität.

Während Du so Dein menschliches Bewußtsein nährst, mit den Reichtümern, die Du in dem Teil von Dir, der im Zustand des Keimens ist, ansammelst, wirst Du dieses Keimen nie beenden wollen, sondern wirst daraus schöpfen und Dich wieder nach außen wenden, wiederkehren, um daraus zu schöpfen und Dich wiederum nach außen wenden. Hinsichtlich Deiner täglichen Beschäftigung wird es, obwohl es eine Zeit stillen und bewußten inneren Wachstums sein wird, doch Phasen intensiver äußerer Aktivitäten geben, denn in dem Augenblick, da Du das Element vitaler Schöpferkraft in Deinem Inneren berührst, wirst Du es nach außen hin ausdrücken müssen. Das wird Deine Art des Daseins werden. Es wird in diesem Zustand ein Gefühl des Verwurzeltseins und eine Struktur geben, die kosmisch und organisch zugleich sind. Merkwürdigerweise vermeiden es die Menschen, diesen Zustand zu erreichen, und klammern sich statt dessen an Strukturen, die sie für notwendig halten, die jedoch in Wirklichkeit nichts anderes sind als Hilfsmittel. Ich will nicht allzusehr von Deiner Frage nach der Dauer dieses Zustands des Keimens abschweifen, doch ich mußte erst alle diese Dinge erklären, bevor ich Dir darauf antworten kann, daß er ewig dauern wird.

W: Wir sprechen wirklich von gewichtigen Dingen, Emmanuel. Doch ich möchte Dich bitten, noch etwas Nachsicht mit mir zu üben, denn es gibt noch etwas, worüber ich mit Dir sprechen möchte. Es handelt sich dabei um Begriffe wie Willen, Hingabe, Freiheit des Willens und der Entscheidung. Einiges von dem, was Du sagst, scheint mir nicht mit meinen eigenen Wahrheiten und Erkenntnissen übereinzustimmen, und ich möchte gern mit Dir klären, ob es hier tatsächlich Unterschiede gibt oder ob es sich dabei, wie ich vermute, einfach nur um Worte handelt, die unsere Verständigung erschweren.

Zum Beispiel fühle ich, daß mit dem Bewußtsein der Seele die Erkenntnis eines sich entfaltenden Plans wächst, daß es einen Willen gibt, der die dynamische Energie hinter diesem Plan ist, daß sich durch diesen Willen Gott selbst äußert und daß sich durch die Hingabe Gott selbst erfährt und daß wir durch unseren Willen den sich entfaltenden Plan äußern und ihn durch unsere Hingabe erfahren. Ich fühle auch, daß der Wille, sich diesem Plan anzuschließen, ihm zur Verwirklichung zu verhelfen, der einzige Wille ist, den wir je zu haben brauchen. Sich diesem Plan gegenüber zu öffnen und ihn anzunehmen, ist die einzige Hingabe, die wirklich von uns verlangt wird. Mit dieser hingebungsvollen Annahme, mit dieser perfekten Verbindung von Willen und Hingabe endet die Notwendigkeit eines freien Willens, der nie frei von Zweifeln, Angst und Schuld ist, denn wir werden erfüllt sein von dem Einen Willen, der sich in uns und durch uns so vollkommen äußert. Dies scheint mir im Einklang mit dem, was Du gesagt hast, daß es für Dich nicht mehr notwendig ist, Dich mit Schuld zu belasten, weil Du nicht mehr glaubst, daß es auch nur ein Molekül Deines Bewußtseins gibt, das verschieden von Gott ist. Ein anderes Mal hast Du jedoch gesagt, daß Du einen freien Willen hast.

E: Schau, mein Freund, vielleicht versagt hier die Sprache. Wenn ich von freiem Willen spreche, meine ich nicht den engen egozentrischen Willen, der in den verzerrten Aspekten jeder Seele besteht, den Teil des menschlichen Bewußtseins, der sagt mein Wille, mein Weg, mein Plan und der genau der Teil des menschlichen Bewußtseins ist, der verändert werden soll. Ich spreche vielmehr von dem Freien Willen, der sich entscheidet, Gottes Willen zu erfahren. Das ist der wesentliche Gebrauch des freien Willens und dieser Akt der Hingabe kann nur von einer tieferen Stufe des Verstehens aus vollzogen werden.

Man kann nicht aus seinem Ego-Bewußtsein heraus sagen, daß man sich dem Willen Gottes hingibt. Auch wenn dies tausendmal am Tag gesagt würde, würde es mit dem menschlichen Bewußtsein gesagt. Etwas durch diese Hingabe zu erreichen, ließe immer einen Rest von Schuld bestehen und all den anderen Phänomenen, die in der menschlichen Erfahrung so schmerzhaft sind.

Doch wenn jemand den verzerrten Wunsch nach Kontrolle und Besonderheit aufgeben kann, zusammen mit allen anderen Formen der Abwehr, aus denen das Gefängnis der menschlichen Existenz zusammengesetzt ist, dann kann er in seinem Innern den wahren Wunsch finden, und der Freie Wille, von dem soviel die Rede war, kann in seinem natürlichen Zustand erfahren werden, in der Entscheidung zur Hingabe an den Willen Gottes.

Das ist der höchste Gebrauch des Freien Willens, der natürlich sehr, sehr verschieden ist von dem Willen, der gern als der erweiterte freie Wille bezeichnet wird, in Wirklichkeit aber nur der Wille des Kindes ist, das mit einer Stimme spricht, die gern als Stimme des Freien Willens eines Höheren Bewußtseins gehört werden würde, aber trotz allem weit davon entfernt ist. Wenn wir daher von Freiem Willen sprechen, muß geklärt werden, welcher Wille gemeint ist.

W: Ist es denn nicht immer der Eine Wille in uns, der will und entscheidet? Und ist nicht jeder Freie Wille eine tiefere Schwingung des Einen Willens, der sich vollständig in und durch uns äußert?

E: Absolut.

W: Also wachsen wir nicht durch Freien Willen und Freie Entscheidung, sondern durch die Erfahrung.

E: Ja, und jeder Mensch kann sich für diese Erfahrung entscheiden.

W: Entscheidest Du Dich noch immer, Emmanuel?

E: O ja, natürlich. Ich entscheide mich dafür zu dienen. Ich entscheide mich dafür, in diesem Moment mit Dir zusammenzusein, und das alles in Einklang mit dem Göttlichen Plan.

W: Alles in Einklang mit dem Göttlichen Plan. Also ist es eine Frage des Bewußtseins, nicht wahr? Auf einer Stufe gibt es die Art von Willen, die sich entscheidet, nur dem Göttlichen Plan zu folgen, und auf einer niedrigeren Ebene gibt es diese andere Art von Willen. Wenn es aber einen sich entfaltenden Plan gibt, wenn es am Anfang einen Ersten Anlaß oder eine Erste Entscheidung gab, dann muß alles, was seitdem geschehen ist oder je geschehen wird, das Ergebnis dieses Ersten Anlasses sein. Mir scheint daher, daß selbst Gott nicht über den Freien Willen oder die Freie Entscheidung verfügt, den Plan zu ändern, und somit ist das ganze Konzept eines Freien Willens oder einer Freien Entscheidung nichts als eine nützliche aber vorübergehende Illusion.

E: Absolut. Natürlich ist das wahr. Ist nicht auch Deine physische Wirklichkeit eine Illusion, und ist somit nicht alles, was sich auf diese Wirklichkeit bezieht, gleichfalls eine Illusion? Du sprichst von nichts anderem als dem Zustand der Gnade, mein Freund, in dem alle Dinge unabhängig von ihrem Bewußtsein Eins mit Gott sind.

Wir sprechen hier von vielen verschiedenen Stufen der Wirklichkeit, vielen Stufen des Bewußtseins, obwohl es nur eins gibt. Doch innerhalb dieses einen gibt es zahllose Formen des Bewußtseins, die ihre eigene Identität suchen. Man kann sein eigenes Bewußtsein nicht erkennen, ohne eine Entscheidung zu treffen.

In gewisser Hinsicht würdest Du es vorziehen, ein Fatalist zu sein und zu denken, daß alles vorherbestimmt ist. Und natürlich ist es letztlich vorherbestimmt, daß Du der wirst, der Du in Deinem Wesen bist, aber zu sagen, es mache keinen Unterschied, wie Du Dich entscheidest, und es werde ohnehin geschehen, ist falsch, denn dann verleugnest Du den Teil in Dir, der Gott ist.

W: Aber wenn ich von einem Plan spreche, Emmanuel, und von uns als Partnern bei seiner Erfüllung, so denke ich auch an uns als Partner bei seiner Erschaffung, an uns als gemeinsame Urheber. Wenn das Fatalismus ist, dann ist es mir recht, denn das ist nicht die negative Art von Fatalismus, bei der alles, auch ohne meine bewußte Entscheidung, geschehen wird. Statt dessen spüre ich, daß wir alle mithelfen das zu erfüllen, was für mich »Unser« Plan ist. Mir scheint das eine sehr positive und schöpferische Aufgabe zu sein.

Wenn es aber keinen ersten Anlaß und keinen sich entfaltenden Plan gibt oder wenn es einen Plan gibt und wir alle uns entscheiden können, wie wir ihn verändern wollen, dann wäre das ein Chaos, Anarchie – als wollte man das Empire State Building ohne Architekten bauen und jeder würde nach seinem Gutdünken drauflos bauen – und nicht ein geordnetes Universum, ein Kosmos, mit einem Plan und einer Struktur, die wir alle gemeinsam entworfen haben und die wir jetzt gemeinsam verwirklichen wollen.

E: Aber es gibt eine Stabilität im Kosmos, lieber Freund, die es ermöglicht, daß das Chaos der individuellen Entscheidung besteht. Bedenke das. Ich muß Dir auch darin widersprechen, daß alle Seelen, wenn man ihnen erlaubte, frei zu entscheiden, wild durcheinanderlaufen würden und es keine organisierte Bewegung zurück zu der Einheit gäbe. Jede Seele strebt in ihrem Wesen, in ihrer Göttlichkeit nach dem Licht und nach dem Glauben, unabhängig davon, was diese unwissende Seele letztendlich tut, darin liegt der Schlüssel. Denn wenn jeder Seele erlaubt ist, zu tun, wozu sie sich aus Freiem Willen entscheidet, so wird sie sich letztendlich entscheiden, zu Gott zurückzukehren. Darin liegt die grundlegende Struktur.

Alles ist in Ordnung, lieber Freund, das Universum ist geordnet und gut. Und in diesem Universum ist Platz für die Irrtümer und Verwirrungen jedes Menschen, denn das Universum ist weit und fließend, und es stört sich nicht an der Negativität, sondern läßt sie einfach zu, in dem Wissen, daß in dem natürlichen Gleichgewicht und Fließen diese Negativität wieder in Licht verwandelt werden wird. Nur dadurch, daß wir die freie Entscheidung zulassen, wenn wir dieses unglückliche Wort noch einmal gebrauchen wollen, kann dies geschehen. Denn in der Liebe gibt es keinen Zwang. Im Augenblick der Wahrheit kann niemand gezwungen werden, sondern jede Seele muß in der Tiefe ihres offenen Herzens einwilligen.

W: Das heißt, daß der Teil Gottes, der in uns ist, über Freien Willen und Freie Entscheidung verfügt. Aber kann Gott willkürlich handeln? Kann Gott seine Absicht ändern? Kann Gott seinen Plan ändern? Was ist mit dem ersten Anlaß? War er nicht vollkommen und unveränderbar?

E: Doch. Laß mich das ausführen, lieber Freund. Man ändert und wandelt sich, unabhängig vom Ausmaß der eigenen Freiheit, doch nur so lange, wie man auf irgendeine Weise von dem Einssein getrennt ist. Sobald dieses Einssein Wirklichkeit wird, tritt man in das SEIN ein, und wenn man in dem Zustand des SEINS ist, was soll man dann noch verändern wollen, wogegen soll man dann noch kämpfen wollen? Denn in diesem Zustand SIND alle Dinge in ihrem Zustand des Seins.

Nimm diesen Gedanken in dir auf, mein lieber Freund, und wenn er von Deinem Bewußtsein nicht verstanden wird, dann glaube an Deine Intuition und laß alles, was Du noch nicht verstanden hast, dort ruhen. Zu gegebener Zeit wird der Größere Geist, der Geist der SEELE, Dir ein Verständnis ermöglichen, das weit über das Verständnis der Worte hinausgehen wird.

18. Juni 1981

E: Es ist, als wären wir durch eine Glasscheibe getrennt, lieber Freund, durch ein feines Fenster, das man kaum bemerkt. Nichtsdestoweniger trennt es uns, und es ist Zeit, es jetzt aufzustoßen. Ich spreche nicht von der Öffnung Deines Ichs, vielmehr davon, daß Dein Bewußtsein zwar eine tiefe Kenntnis der Wahrheit, des Göttlichen, des Lichts, Gottes und wie Du es auch immer nennen willst, besitzt, daß Du in Deinem Wesen aber immer noch reserviert bist, so als stünde es Dir nicht an, Deinen Platz in dem allumfassenden System, als einer von uns, einzunehmen. Darüber möchte ich mit Dir sprechen, denn es ist nicht mehr nötig, daß Du außerhalb des Zentrums der Dinge stehst.

Du warst immer in unseren Herzen, mein lieber Freund, nun ist es Zeit, daß wir Dich in unsere Arme schließen, wenn Du so willst, auch wenn wir immer noch auf verschiedenen Ebenen des Seins existieren. Du hast lange und tapfer gerungen seit dem Augenblick, als Du in Deinem Höheren Bewußtsein die Sehnsucht nach der Rückkehr zu Deinem Ursprung, zu Deinem Einssein mit Gott empfunden hast. Nun ist es nur noch ein Schritt, noch ein weiterer Schritt, und er hängt nicht einmal von Deiner Bereitschaft ab. Es ist seltsam, dieses Wort »Bereitschaft« Dir gegenüber zu gebrauchen, denn in Deinem Höheren Bewußtsein bist Du vollkommen bereit, und doch besteht noch ein Rest an Zurückhaltung, an Fragen. Es bestehen noch Zweifel, die Teil des menschlichen Ballastes sind, aber für Dich keine Bedeutung mehr haben und nur noch aus Gewohnheit vorhanden sind.

Doch auch wenn dieses Fenster zwischen uns ist, lieber Wingate, so kann doch an ihm vorbei gearbeitet werden. Du kannst hinübersteigen oder hindurchgehen. Es muß nicht vollständig zerstört werden. Entscheide Dich dafür zu glauben, auch wenn Du Dich noch unsicher fühlst; entscheide Dich dafür, das anzunehmen, was Du fühlst, auch wenn es Dir bereits vertraut erscheinen mag. Diese Vertrautheit ist in der Tat vernünftig, denn wenn etwas vollständig fremd wäre, wenn jede Vertrautheit fehlen würde, dann gäbe es keine Möglichkeit, mit dem, was Du wahrnimmst, in Verbindung zu treten. Das bedeutet nicht, daß das erweiterte Bewußtsein sich nicht manifestieren kann. Das bedeutet es in keiner Weise. Es bedeutet nur, daß es sich im Einklang mit der Wahrnehmung Seiner eigenen menschlichen Natur manifestieren muß. Was manifestiert werden wird, ist keine Illusion, kein Trugbild, sondern einfach nur der Ausschnitt, der zu diesem Zeitpunkt des Seelenwachstums für Dich verfügbar ist. Gewiß wirst Du ohne Deinen menschlichen Körper sehr viel besser wahrnehmen können – das steht außer Frage –, doch bis dahin bist Du in dem Körper, den Du gewählt hast, mit dem Du erbittert gekämpft hast und der Dir außerordentliche Dienste geleistet hat.

Fürchte nicht mehr, daß Du in Deinem Wunsch zu sehen, zu hören und zu erleben ein Werkzeug der Selbsttäuschung werden wirst. Das kann nicht mehr geschehen. Selbst wenn Du gelegentlich dem eigenen Vergnügen nachgeben solltest, was hätte es damit groß auf sich? Bist Du nicht der Schöpfer Deiner eigenen Welt? Wie oft haben wir das bereits gesagt? Und wenn Du ein Bild Gottes schaffst, das Deinem eigenen sehr stark ähnelt, nun, das ist nicht einmal so falsch, denn Du und Gott seid gewiß eins. Es ist notwendig, daß Du die menschliche Unfähigkeit zu sehen und Deine menschlichen Zweifel bezüglich der Wirklichkeit Deines Bewußtseins, das sich mittlerweile auch schon bis in meine Welt hinein ausdehnt, überwindest, damit Du und ich als eins sprechen können. Es besteht kein Grund, warum das nicht geschehen könnte, außer vielleicht der Glasscheibe, dieser symbolischen Trennung, von der wir sprachen.

W: Ich wünschte, ich könnte diese Scheibe einschlagen, Emmanuel.

E: Wie ich Dir schon erklärt habe, ist eine so extreme Handlung gar nicht notwendig. Ich möchte Dir statt dessen vorschlagen, Dir während Deiner Meditation ein Bild davon zu machen, wie Du mich gern sehen würdest. Ich mache mir nicht allzuviel daraus, welches Bild man sich von mir macht, solange es ein positives ist.

Dies ist kein falscher, sondern ein sehr nützlicher Weg für Dich, um diese verbleibende Trennung aufzulösen.

W: Könntest Du mir einige Ratschläge geben? Ich glaube, sie würden mir helfen.

E: Mit Vergnügen, lieber Freund. Zunächst einmal mußt Du Dir mich als ein Licht vorstellen. Ich bin ein goldfarbenes Licht, dem viel Weiß beigemischt ist. So wie ich wahrgenommen werde, bin ich etwa 1,90 m groß, mit normal proportioniertem Körper und männlicher Statur. Doch es kann Dich ablenken, wenn Du versuchst, meine Erscheinung in ein zu genaues Bild zu pressen. Laß daher die Linse Deines inneren bewußten Auges unscharf werden; stelle Dir mich vor als Licht, das mehr oder weniger genau eine männliche Gestalt darstellt. Erlaube Dir dann, dieses Bild als Wahrheit zu akzeptieren – und ich versichere Dir, daß viel Wahrheit darin enthalten ist. Auch wenn es nicht perfekt sein wird, so wird es doch ungefähr stimmen. Die Zeit zwischen der Vorstellung meiner Gestalt in Deiner Phantasie und dem Annehmen dieses Bildes, vielleicht mit einigen leichten Veränderungen, als mein wirkliches Sein, wird nur sehr kurz sein.

Sei Dir bewußt, daß Du Dich in der anfänglichen Verbindung stark auf dieses Bild, dieses Licht konzentrieren und hohe Anforderungen daran stellen wirst. Das wird Anstrengung bedeuten. Sobald Du das spürst, und Du wirst es körperlich wie emotional spüren, gestatte Dir, Dich zu entspannen, und laß das Licht weiter und weiter zurückweichen, ohne den Kontakt mit ihm zu verlieren. Habe keine Angst, ich werde bleiben, das Licht wird bleiben. Wenn Du Dich der Wirklichkeit dieses Lichts überlassen hast, wenn Du Dich ihm gegenüber geöffnet haben wirst, wird tief in Dir ein Gefühl der Verbundenheit entstehen, das Dir den Mut geben wird, an die Gültigkeit Deiner Vorstellung zu glauben und in tiefere Zustände der Empfänglichkeit zu gelangen, in denen ich zu Dir sprechen werde.

Das ist keine Frage von Zwang oder Selbstdisziplin. Es geht weit darüber hinaus. Es geht darum, zu akzeptieren, was bereits in Deinem Innern besteht, es geht darum zuzulassen, was ohnehin schon ist. Dieses symbolische Glas ist nicht Dein Feind, lieber Freund. Es war lebensnotwendig für Dich, nicht allein in diesem, sondern in vielen, vielen Leben, bis zurück zu der Zeit, als Du Dir zum ersten Mal des Geistes und des Höheren Bewußtseins gewärtig wurdest. Du darfst es nicht achtlos fortwerfen oder kategorisch verdammen. Es hat seinen Zweck in Deiner Welt und wird ihn auch weiterhin behalten, solange bis ein Punkt des Wachsens erreicht ist, an dem der Wunsch, sich von der vollständigen Wirklichkeit zu unterscheiden, so wie Du sie in Deiner menschlichen Form erkennen kannst, nicht mehr besteht.

Gib Dich in der Zwischenzeit damit zufrieden, lieber Freund, daß, obwohl die Glasscheibe zum Teil weiterbesteht, ein weiterer Teil Deines Bewußtseins nun in der Lage ist, über sie hinwegzusteigen oder durch sie hindurchzugehen, d.h. so zu funktionieren, als gäbe es sie nicht. Dies wird Dir immer intensiver, immer glaubwürdiger, realer und umfassender gelingen. Mit der Zeit wird diese Glasscheibe, ohne zertrümmert zu werden, einfach durch die Bewegung um sie herum und dadurch, daß ihre Realität, nicht ihre Notwendigkeit, akzeptiert wird, sich von allein auflösen. Ich rate Dir, alle Gedanken darüber, wann das geschehen wird, beiseitezulegen und einfach daran zu denken, daß es Teil des Plans ist. Es ist kein großartiger Aufwand notwendig. Nur allein die Erkenntnis, daß es selbstverständlich da ist – oder bist Du etwa kein menschliches Wesen? Du weißt auch, daß es eine Wirklichkeit hinter dieser Scheibe gibt, daß Du mit dieser Wirklichkeit in eine enge, tiefgehende Verbindung treten kannst und zwar auf verschiedene Arten. Du kannst es, ohne dabei dieses Glas zu verdammen oder zu zerstören, welches so notwendig für Dich war und Dir ermöglicht hat, so vieles zu sehen. Tatsächlich war diese Scheibe anfangs eine sehr dicke, undurchdringbare Wand, doch sie ist nach und nach, durch das Ringen und die Verbindlichkeit Deiner Seele durch viele, viele Inkarnationen hindurch, abgetragen worden. Du hast keine Vorstellung davon, wieviel Geduld, wieviel Standhaftigkeit, Mut und Liebe Deine Seele gebraucht hat, um die bisherigen Leben zu durchlaufen.

W: Ich habe das nicht wirklich gemeint, als ich sagte, ich wolle die Scheibe einschlagen. Ich glaube, ich war nur etwas frustriert bei dem Gedanken, daß sie zwischen uns steht. Die Meditation, die Du vorgeschlagen hast, gefällt mir sehr gut. Ich weiß, daß das für mich funktionieren wird, und ich frage mich, ob es nicht etwas ist, das ich mit anderen teilen sollte, die darum kämpfen mit »ihrem« Emmanuel in Verbindung zu treten.

E: Nun, dies ist gewiß keine heilige Verbindung, und ich bin sicher, daß es Dir eine Freude sein wird, diese und ähnliche Meditationen in Zukunft mit anderen zu teilen. Doch im Augenblick sollte es unter uns bleiben, bis Du Dich damit sicherer fühlst.

W: Hoffen wir, daß es nicht zu lange dauert, Emmanuel. Etwas anderes beschäftigt mich noch und zwar ist es die Art, wie Du Dich selbst beschrieben hast. Du sagtest, daß

Du von männlicher Gestalt bist. Sind Seelen denn nicht zugleich männlich und weiblich?

E: Natürlich, mein Freund, natürlich, aber meine Kommunikation ist insofern männlicher Natur, als sie das männliche Prinzip des Lehrens enthält, und daher entspricht mir eine männliche Erscheinungsform eher. In Zeiten der Pflege, wie auch in Zeiten, in denen eine tiefgreifende Heilung erfolgt, wirst Du eher weibliche Schwingungen wahrnehmen. Wie Du bereits selbst erwähnt hast, bist auch Du Dir in Deiner menschlichen Gestalt bewußt, daß Du maskuline und feminine Anteile besitzt, wie jeder Mensch, daß es Momente der Empfänglichkeit gibt, in denen Du Dich eher mit den femininen Anteilen identifizierst und – sehr viel häufiger – Momente, in denen Du Dich mit den maskulinen Anteilen identifizierst. Das kann unter Umständen verwirrend sein, wenn es um die Anpassung an bestimmte Lebensumstände geht, um das, was von Dir erwartet wird usw. Doch es wird eine Zeit kommen, wo niemand mehr in die eine oder andere Rolle hineingezwungen wird, sondern die Möglichkeit freier Entscheidung haben wird. Nicht in einem physischen Sinne, das möchte ich klarstellen, denn für den Lernprozeß ist es sehr wichtig, entweder männlich oder weiblich zu sein, denn beides sind sehr verschiedene Rollen, in denen es sehr Verschiedenes zu lernen gibt, doch im Sinne des Bewußtseins, und dies wird eine höchst gesegnete Zeit sein.

W: Noch etwas, Emmanuel, Du erwähntest keine Chakren oder Bewußtseins-Zentren als Du Dich beschrieben hast, nur dieses goldfarbene und weiße Licht. Bedeutet das, daß Du dort, wo Du bist, keine mehr benötigst?

E: Nur als Mittel der Verständigung zwischen meiner und Deiner Welt, in der das Konzept der Aufteilung des Bewußtseins ein sehr nützliches und von Gott angewiesenes Hilfsmittel ist. Doch Du sollst als Meister wissen, daß sie in der

Höheren Realität bloße Illusionen sind und allein auf die Möglichkeit des Größeren, des Wahren Selbst verweisen, das in jedem von uns existiert. Bis das Bewußtsein jedoch von der Illusion der Getrenntheit befreit ist und daher keine Notwendigkeit für Unterscheidungen gleich welcher Art mehr besteht, behalten die verschiedenen Chakren, wie Du sie wahrnimmst, eine bedeutende Funktion.

W: Ich freue mich wirklich darauf, diese Schule zu beenden, in die ich nun schon seit mehreren Leben gehe, auch wenn ich weiß, daß es noch andere Schulen, andere Lektionen und andere Herausforderungen gibt, denen ich mich stellen kann. Hört es überhaupt je auf?

E: Herausforderungen bestehen bis in die Ewigkeit, mein Freund.

W: Ich bin sicher, daß es so ist, und ich bin froh darüber.

E: Natürlich bist Du das, wir alle sind das. Wenn es keine Herausforderungen mehr gäbe, würden wir nichts mehr schaffen und welcher bedrückende Zustand wäre das. Nur in der Herausforderung und in dem Schöpfertum, das durch sie entsteht, können wir die verschiedenen Facetten unseres Selbst erfahren.

W: Ja, und wie wunderbar ist es, daß Du mir genau sagen kannst, was ich tun kann, um diese Glasscheibe, die zwischen uns ist, aufzulösen oder zu umgehen, und daß Du mir sogar Dein Aussehen beschreiben kannst.

E: Ich spreche nun gewissermaßen als menschliche Erscheinung zu Dir, doch wenn Du Dich entschieden haben wirst, Deinen Körper zu verlassen, werde ich Dir in noch größeren Dimensionen begegnen.

W: Werde ich dann immer noch in der Lage sein, Dich wiederzuerkennen? Ich frage, weil doch sicher eine große Zahl anderer Seelen anwesend sein wird.

E: Natürlich wirst Du das, mein Freund, doch sei unbesorgt; wir werden dies noch oft besprechen, bevor es soweit ist.

28. November 1981

W: Diese Glasscheibe, von der in unserem letzten Gespräch die Rede war, scheint immer noch da zu sein, lieber Emmanuel, und ich frage mich, ob ich nicht mehr tun kann, um sie loszuwerden, als Dich zu visualisieren, die Linse meines inneren Auges unscharf zu stellen, mich zu entspannen und Dein Bild immer weiter fortrücken zu lassen, so wie Du es mir geraten hast.

E: Lieber Freund, je näher man dem Einssein kommt, um so mehr muß man sich von dem Wunsch nach Einssein entfernen, insbesondere von dem Streben nach Einssein, denn dieses Streben kann dem Einssein eher entgegenwirken, als es zu fördern oder ihm zu dienen. Die Zeit ist nun gekommen, da Du Dein Sehnen und Hoffen und Streben aufgeben mußt, um einfach bereit zu sein, das zu akzeptieren, was ist. Sieh, mein lieber Freund, wenn wir miteinander in Verbindung treten werden, so nicht, weil Du danach strebst oder es verlangst oder weil ich es mir so sehr wünsche, sondern einfach deshalb, weil es uns beide gibt. Du existierst, und ich existiere für Dich, mit Dir und Deinetwegen.

Denke an eine sich langsam öffnende und erblühende Blume. Es ist nicht nötig zu fragen: »Wird sich die Blume öffnen?«, denn natürlich wird sie sich öffnen, das ist ihre Wahrheit, ihre Natur. Vertraue darauf, daß Deine Natur sich so entfaltet, wie es bestimmt ist, nicht wie sie gelehrt oder erzogen oder gezwungen worden ist, sich zu entfalten. Du bist im Verlauf der Entwicklung Deiner Seele durch Äonen des Suchens zu dieser Stufe gelangt. Sie steht Dir zu, sie ist Dein Zuhause, Du gehörst hierhin, genausosehr wie ich selbst.

Wenn Du daher nach der Verzögerung fragst oder danach, was Du tun mußt, zusätzlich zu dem, was Du bereits tust, so lautet meine Antwort, daß es nichts zu tun gibt, außer diese Wirklichkeit zu akzeptieren, Deine Zugehörigkeit anzuerkennen, so wie Du bist, und sie sich einfach entfalten zu lassen. Ich sage das nicht, um Dich zu enttäuschen, lieber Freund, sondern nur, um Dir zu versichern, daß alles, was getan werden muß, bereits getan wird, alles was verlangt wird, ist bereits erfüllt, und nun muß die Entfaltung und die Annahme der unbedingten Wirklichkeit unserer Verbindung folgen.

W: Manchmal gelingt mir das in meiner Meditation, Emmanuel, und dann habe ich ein so unerschütterliches Gefühl, daß es überhaupt keine Frage für mich ist, daß Du bei mir bist. Doch dann gibt es wieder Zeiten, in denen ich mir gar nicht sicher bin.

E: Ich bin immer bei Dir, lieber Freund, ich bin immer da. Zweifle nie daran.

W: Ich habe das Gefühl, als wärest Du an meiner Seite, Emmanuel – nicht genau neben mir oder mir gegenüber, sondern ein wenig vor mir, so daß wir uns ohne Mühe sehen können.

E: Genau. In der Art eines Landedelmannes vermeide ich es, Dein gesamtes Blickfeld einzunehmen, denn es gibt vieles, was Du von anderen erhalten kannst und benötigst. Außerdem kannst Du meine Kameradschaft in ihrem wahren Wesen sehr viel besser erfahren, wenn ich in Freundschaft neben Dir sitze, als wenn ich als entrücktes oder überhöhtes Wesen vor Dir säße.

Es ist auch hier keine Mühe oder Anstrengung nötig,

doch wenn sie da sind, so rate ich Dir dringend, keine Eingebung oder Belehrung, die Du erhältst, in Frage zu stellen, denn ein Mensch zu sein, ist nicht der einfachste Weg, die vollständige Wahrheit zu erkennen. Es ist sogar recht schwierig, solange Du in Dein Menschsein verstrickt bist, auch nur wahrzunehmen, was wirklich und tatsächlich da ist. Doch es gibt nie Grund zu zweifeln oder in Frage zu stellen. Dies ist der Teil Deines Wesens, der jetzt in den Mittelpunkt gerückt ist, und ich freue mich, sagen zu können, daß ich in meiner Beziehung zu Dir als Katalysator wirke und hoffentlich in Deinem Leben auch weiter als Katalysator wirken werde. Ich bete, daß das so bleiben wird.

W: Das tue ich auch, Emmanuel. Ich kann mir nichts Wunderbareres vorstellen. Es klingt soviel besser als das, was Du früher gesagt hast, daß Du nur ein Vermittler seist, der mich anderen Seelen vorstellen und dann wieder fortgehen würde. Statt dessen bist Du für mich der wichtigste Teil dieser Bewußtseinsstufe geworden, und ich freue mich schon jetzt darauf, mit Dir zusammenzusein, wenn uns meine menschliche Gestalt nicht mehr trennen wird.

E: Siehst Du nicht, mein Freund, daß unsere Verbindung so reich und tief geworden ist, daß es anderen Lichtwesen, die sich entschieden hatten, mit Dir zu arbeiten und zu dienen, nicht nötig schien, sich anzubieten, obwohl sie mit Sicherheit verfügbar sind. Unsere Verbindung ist von so natürlicher Art, sie hat soviel Wärme und Nähe, und durch unsere Gespräche ist soviel Vertrauen entstanden, daß ich vorschlagen möchte, diese direkte Art der Kommunikation weiter zu pflegen.

Du kannst Dich darauf verlassen, ich werde da sein, ich und andere, die Du wiedererkennen wirst, in dem freudigen Augenblick, da Du Dich entscheidest, Dich von dieser physischen Inkarnation zu trennen. Es wird eine herrliche Zeit des Lichts, eine Zeit der Vereinigung sein, und auch ich freue mich darauf.

W: Bis zu diesem erhabenen Augenblick will ich nur ein guter Gefährte bei unserer gemeinsamen Arbeit sein und auf jede mir mögliche Weise dienen. Schließlich bin ich immer noch in einem physischen Körper und kann daher Dinge tun, die Du und die anderen nicht tun können. Verfüge über mich, ich bitte Dich, verfüge über mich und laß mich auf unzweideutige Weise wissen, was genau ich tun soll.

E: Lieber Freund, das, was Du erfahren hast, wer Du bist, wie Du Dich wahrnimmst, ist der wichtigste Beitrag, den Du leisten kannst. Es ist nicht nur das, was durch Dich mitgeteilt werden kann, was Du empfangen und weitergeben kannst, sondern das, was Du selbst bist, ist von Bedeutung für andere. In der vollständigen und klaren Darstellung dessen, was Du bist, Deiner Identität, Deiner Gefühle, Deiner Erfahrung liegt das größte Geschenk, das Du anderen machen kannst, und die beste erdenkliche Anleitung dafür, wie Du es tun kannst. Mit anderen Worten ist Deine Arbeit, in Verbindung mit Deinem inneren Wesen, das größte Geschenk, das Du geben kannst. Deine Aufgabe in unserer gemeinsamen Arbeit ist es daher, der zu sein, der Du bist, und das mit Deinen Mitmenschen zu teilen.

Wer bist Du also, mein lieber Freund? Wer bist Du? Jeder Aspekt Deines Wesens hat Bedeutung. Teile jeden Aspekt freizügig mit anderen, jeden einzelnen, Dein Menschsein, Dein Erleuchtetsein, den spirituellen Lehrer und den lebenden atmenden Menschen, selbst die Bereiche, die Du von Dir fernhältst, alles, was Du erlebt hast, alles, aus dem Du gelernt hast und durch das Du gewachsen bist. Siehst Du nicht, daß das Schätze sind, mein Freund, von denen Du geben kannst? Bloß weil sie nicht alle in Deine Vorstellung von spiritueller Führerschaft passen, solltest Du sie nicht vernachlässigen, wenn Du zu arbeiten beginnst. Sei mit Freuden das Wesen, das Du bist. Sieh andere in dem gleichen Licht, und teile mit ihnen alles, was Du bist und was Du erfahren hast.

W: Mein Krebs würde sicherlich dazugehören, nicht wahr, und nicht nur das, was ich dagegen unternahm, sondern auch, wie ich mich damit fühlte, wie ich mich allmählich mit ihm anfreudete, ihn als Geschenk begriff und ähnliche Dinge. Gestern hat mich ein Mann mit Kehlkopfkrebs besucht, und obwohl ich nicht das Gefühl hatte, daß er bereit ist, den Weg zu gehen, den Du und ich gemeinsam gegangen sind, sprachen wir einige Stunden darüber, wie wichtig es ist, seinen See zu reinigen, ganz gleich, was man sonst tut. Wir sprachen auch über die Wut, die seit Jahren in ihm lodert, und ich glaube wirklich, daß es ihm geholfen hat.

E: Du kanntest das Wesen seines Problems, mein Freund, und darin warst Du ihm sicherlich hilfreich. In der Tat gibt es sehr viele wie ihn, die darauf warten, Deine Hand zu berühren, weil sie die Ähnlichkeit Deiner und ihrer Erfahrung erkennen.

W: Eine sehr begabte Heilerin möchte, daß ich bei ihr lerne, aber nur unter der Bedingung, daß ich danach mit ihr zusammenarbeite. Das erscheint mir nicht richtig, Emmanuel, denn meine Arbeit soll doch mit Dir geschehen.

E: Ohne Frage. Und doch kann es aus naheliegenden Gründen hilfreich sein, von jemandem zu lernen, mein Freund. Um ein sehr einfaches Beispiel zu geben: Wenn Du kein Wissen über die Anatomie des menschlichen Körpers hast, und Du legst Deine Hand auf, damit die Energie zu einem bestimmten vitalen Punkt fließen soll, so ist es unwahrscheinlich, daß Du das genauso wirkungsvoll tun kannst, wie jemand, der um die Struktur des Körpers an diesem bestimmten Punkt weiß.

Mit anderen Worten, es kann keine Information geben, die, wenn sie gültig ist, nicht hilfreich wäre. Natürlich immer verbunden mit der Erkenntnis, über die wir uns alle im klaren sind, daß Belehrung und Intuition den Vorrang vor intellektuellem Verständnis haben.

W: Du hast das letzte Mal von anderen in unserer Gruppe gesprochen, die den femininen, pflegenden Aspekt zu unserer heilenden Tätigkeit beisteuern. Kürzlich hatte ich das starke Gefühl, daß eine von ihnen meine eigene Mutter sei.

E: Es gibt tatsächlich einen erstaunlichen Bereich direkten und vollständigen Wissens, der allen Menschen zugänglich ist, doch zunächst müßt ihr die Schranken der Erwartung überwinden, die sehr fein und sehr schwer wahrnehmbar sein können, so daß ihr jahrhundertelang nach dem Wissen suchen könnt, ohne überhaupt die Existenz der Hürden zu bemerken. Da wir nun jedoch klar und direkt und fast ohne Hindernis zwischen uns darüber reden, ermutige ich Dich, alle Erwartungen beiseite zu lassen und mir an diesem Ort unendlichen Lichts und unendlicher Wahrheit zu begegnen, an dem es keinen bequemen Platz gibt, um sich hinzusetzen und zu sagen: »Ah ja, ich kenne diesen Ort, nun bin ich in Sicherheit.« Natürlich bist Du in Sicherheit, und doch gibt es diesen verständlichen Widerwillen, eine vollständig neue Wirklichkeit zu betreten. Auf diese etwas weitschweifige Weise möchte ich die Frage nach Deiner Mutter aufgreifen. In Deinem Innern, wie in dem Inneren jedes Menschen, der bewußt ist und bereit, sich zu entwickeln, entsteht auch der Wunsch, alle Aspekte des Selbst innen wie außen zu erfahren, so wie die verschiedenen Formen des Seelen-Bewußtseins sich darstellen. Scheint es daher nicht recht vernünftig, daß, nachdem ich mich Dir ziemlich deutlich als Wesen männlichen Bewußtseins beschrieben habe, als die Verkörperung des aktiven Prinzips des Lehrens, scheint es daher nicht vernünftig, wenn in Dir, der Du dabei bist, Heiler zu werden, der Wunsch und die Sehnsucht nach dem bewahrenden weiblichen Aspekt erwacht? Welche Erscheinungsform ist für den weiblichen Aspekt wohl naheliegender als die der fürsorglichsten Frau in Deinem Leben, Deiner Mutter. Sie existiert tatsächlich auf einer Ebene des Verstehens, auf der es ihr möglich ist, mit Dir in Deinem Höheren Bewußtsein in Verbindung zu treten, doch es ist Deine Öffnung gegenüber Deinen eigenen inneren verborgenen Winkeln, die diese Wahrnehmung erst ermöglicht. In dieser Verbindung ist es von der größten Bedeutung, ein Gleichgewicht zwischen den männlichen und weiblichen Anteilen zu bewahren, denn wenn jemand offen und empfänglich für die geistigen Kräfte des Bewahrens, Unterstützens und Sorgens ist – für den weiblichen Aspekt, wenn Du so willst –, so würde er ohne den männlichen Aspekt in einem Meer von Mitgefühl ertrinken und aufhören, sich fortzubewegen, und diesen Aspekt zu teilen mit denjenigen, die der Heilung bedürfen.

W: Bei unserem ersten Zusammentreffen hast Du gesagt, daß ich in diesem Leben kosmisches Bewußtsein erlangen werde, ein anderes Mal sagtest Du etwas, das anklingen ließ, daß ich noch fünf weitere Lektionen zu lernen hätte und dies noch nicht das Ende meiner Wiedergeburten wäre. Natürlich gefällt mir die erste Vorstellung besser, doch wenn andererseits der sich entfaltende Plan vorsieht, daß ich noch für weitere Leben zu dem Planeten Erde und dieser »Schule für Höheres Bewußtsein« zurückkehre, dann soll es so geschehen.

E: Ich hatte fast erwartet, daß Du so denken würdest, lieber Freund. Wie Du weißt, kann man sein Leben überladen oder es gemächlich verbringen. Es gibt keinen Lebenslauf, der vorgeschrieben wäre. Doch wenn ich die einzelnen Elemente Deines Seelen-Bewußtseins sehe, erkenne ich das Sehnen, das Verlangen, etwas zu vollenden, zu bewältigen, zu verstehen – wie kann ich es noch nennen, alle Worte sind so begrenzt – andere Bewußtseinsebenen zu berühren, ein wenig mehr zu werden, als Du jetzt bist. Das ist alles, und das kann sicherlich in sehr kurzer Zeit vollendet werden, wenn Du Dich dafür entscheidest.

Versuche zu verstehen, daß das Bewußtsein, das Einssein mit Gott, nicht aufgegeben wird, um es zu verleugnen oder zurückzuweisen, sondern um neue Wege der Erfahrung, des eigenen Wissens zu finden, durch die die endlose Liebe, das Licht Christi, Gottes, der Wirklichkeit erreicht werden kann. Durch diese Suche, mein lieber Freund, bist Du der geworden, der Du bist, immer noch auf der Suche, möchte ich hinzufügen, nach neuen Gebieten, in denen Du diese wunderbare Wirklichkeit erkennen und erfahren kannst, die Du in Deinem eigenen Wesen widergespiegelt und verherrlicht gefunden hast.

Ich kann nur wiederholen, daß Du bereits weitaus mehr bist, als Du selbst in Deinen höchsten Bewußtseinszuständen zu sein glaubst, mein lieber Freund, und Du hast genügend Zeit, wie Du weißt, in diesem Leben das zu beenden, wonach Du dich so sehnst. Ob Du alles auf einmal tun willst oder es über verschiedene Zeiten und Orte verteilen willst, bleibt ganz Dir, Deiner Weisheit und Deiner Seele überlassen.

22. *März 1982*

E: Ist Dir bewußt, mein Freund, daß ich mich heute nicht wie sonst zu Deiner Linken und zur Rechten meines Channels befinde, sondern zu Deiner Rechten, wie sonst nur, wenn Du meditierst. Es gibt zwei Gründe dafür. Ein Grund ist, daß ich Dir erlauben möchte, die Haltung des Empfängers auf vertraute Weise einzunehmen, so daß wir unsere Kommunikation verbessern können, Du und ich. Das ist ein höchst wertvoller Prozeß, der schon begonnen hat. Gleichzeitig soll dem Bewußtsein meiner lieben Gefährtin ermöglicht werden, sich ein wenig zu lösen und diesen angenehmen, doch zugleich auch einschränkenden Aspekt ihres Lebens aufzugeben. Freiheit, meine Lieben, Freiheit zuzulassen, zu sein, ein- und auszuatmen in der Wirklichkeit Gottes, der Wirklichkeit des Geistes, der Wirklichkeit des eigenen unsterblichen Wesens.

Und nun möchte ich mahnen und feiern zugleich. Feiern, weil es Dir, auf Verlangen Deiner höchsten Weisheit, erlaubt ist, einen neuen und ganz anderen Bereich des Lernens und Erfahrens zu betreten. Hast Du je erwogen, eine Fotografie vom Geist zu machen, von der Lebenskraft, der tatsächlichen Wirklichkeit?

W: Bisher nicht, Emmanuel, ich habe mich immer von diesem übersinnlichen Rummel, wie ich ihn nenne, ferngehalten.

E: Es ist hier sicher viel mißbraucht und zu Hokuspokus verfälscht worden.

W: Es überrascht mich, daß Du das Wort Hokuspokus benutzt.

E: Einige der neuen Ausdrücke sind recht bemerkenswert. Ist es nicht an der Zeit, während wir die verschiedenen Möglichkeiten erweitern und erforschen, ist es nicht an der Zeit, darüber nachzudenken, wie die Wirklichkeit Gottes den Menschen auf der Erde vermittelt werden kann, zu überdenken, wie Deine Gaben und Fähigkeiten endlich in den Dienst des Geistes gestellt werden können? Das ist es, worüber Du Dir Gedanken machen solltest. Dies ist kein Befehl, sondern ein Vorschlag.

W: Was soll dann aus meiner Arbeit mit Krebskranken werden?

E: Es wird sich ohne weiteres in die bereits begonnene Arbeit mit ihnen einfügen. Diese Arbeit ist grenzenlos in ihren Möglichkeiten und hervorragend in dem, was sie zu leisten vermag. Sie ist wahrhaftig Gottes Werk. Ich spreche nicht von einem Ersatz für diese Arbeit, sondern von einer Bereicherung. Wenn Du zeigen kannst, daß alles auf der Welt ein Licht, ein Glühen oder, anders ausgedrückt, Bewußtsein besitzt, welches über das menschliche hinausgeht und in das Göttliche hineinreicht, hast Du die Möglichkeit, die Krebserfahrung als etwas darzustellen, das nicht dem menschlichen Wohlbefinden oder den Gesetzen der Natur widerspricht, sondern durch das eigene Höhere Selbst herbeigerufen und gewollt wurde, ja sogar von ihm erzeugt wurde.

Es gibt nichts in Deiner menschlichen Welt, lieber Freund, das nicht auch in der Welt darüber bestünde, und daher ist alles gottgewollt, selbst die Krebszelle, auch wenn es schwierig ist, das zu begreifen, wenn man diese Bedrohung, diese Erfahrung am eigenen Leib erlebt. Und doch wissen wir beide, daß das wahr ist. Durch das Entwickeln und Verfeinern der fotografischen Methode, die ich vorschlug, und natürlich mit unserer Unterstützung, wird es vielen leichter fallen, zu sehen und zu begreifen, wie die Lebenskraft in allen Dingen strömt. Auf diese Weise werden sie mit der tieferen Bedeutung und der tieferen Wirklichkeit einer Krebszelle vertraut werden. Natürlich kann man behaupten, daß eine Krebszelle etwas Negatives und nichts Positives ist. Aber sie hat ein Bewußtsein und selbst, wenn sie negativ wäre, könnte sie lernen, wieder positiv zu werden. Jede Zelle des Körpers ist ursprünglich in vollkommenem Einklang mit dem göttlichen Bewußtsein, doch wenn das Bewußtsein des Menschen abzuweichen beginnt, anderen Göttern zu dienen beginnt, anderen Weisheiten als der eigenen vertraut – ich spreche jetzt von allen Stufen, bewußt, unbewußt, physisch, mental, emotional und auch spirituell – dann muß der Körper schließlich darauf reagieren, um dem Menschen in seiner menschlichen Natur bewußt zu machen, daß er gegen seine eigene göttliche Natur verstößt. Die Krebszelle ist daher keine schlechte Zelle, sondern eine Zelle, die auf eine Negativität innerhalb des Menschen antwortet und reagiert und selbst in dieser Form dem Bewußtsein der Seele dient. Glaube mir, mein Freund, wenn Du auf energetisch-spiritueller Stufe den gutartigen Charakter der Krebszelle zeigen kannst, werden Unwissenheit und Angst überwunden werden, und die Zelle kann wieder lernen »ja« zu sagen.

W: Du bist mir wie üblich weit voraus, Emmanuel. Wenn ich Dir zuhöre, habe ich das Gefühl, als wären Deine Worte eine Saat der Weisheit.

E: Ja, mein lieber Freund, Du hast recht, ich säe. Doch wie Du aus eigener schmerzvoller Erfahrung weißt und auch aus der Erfahrung derjenigen, denen Du nun mit Deiner Weisheit, Deiner Liebe und Wahrhaftigkeit hilfst, gibt es eine große Verleugnung des Lichts in eurer Welt. Eine schmerzliche Tatsache, ohne Zweifel, und eine, die zu ändern wir gelobt und uns verpflichtet haben. Wenn unsere

Entwicklung und Zusammenarbeit weiter fortschreitet, werden wir auf immer bewußteren Stufen fähig sein, zu teilen und mitzuteilen, und in diesem Teilen und Mitteilen verlange ich von Dir nur, offen zu bleiben für das, was an Dich herangetragen wird. Wenn es in der physischen, menschlichen Welt solche Abstufungen des Bewußtseins, der Energie geben sollte, daß das Bewußtsein, daß der Geist nicht so funktionieren können, wie wir es wünschen, dann werden wir andere Wege finden.

W: Dies könnte zu keiner besseren Zeit geschehen, Emmanuel. Als ich mir damals auf dem Höhepunkt meiner Krankheit zum erstenmal vorgestellt habe, wie ich als Seele aussehen würde, sah ich mich als alten Schäfer mit langem grauen Haar, in der rechten Hand einen Schäferstab, auf einem Felsen sitzen. Doch vor nicht allzu langer Zeit begann dieses Bild immer jünger zu werden, und jetzt sehe ich einen lebenssprühenden, kräftigen jungen Mann, der bereit ist, einen ganz neuen Zyklus von Erfahrungen zu beginnen.

E: Die Vorstellung von einem weisen, tiefsinnigen und unbeteiligten alten Schäfer mußte verändert werden, denn nun wird nicht nur gedankenvolle Weisheit verlangt, sondern vielmehr die Weisheit, die körperlich manifestiert ist.

W: Es ist, als ob ich meinen toten Punkt überwunden hätte, Emmanuel.

E: Genau, und die Neubelebung Deines Körpers durch das Programm, das Du gewählt hast, um mit Deinem Krebs fertigzuwerden, hat das ermöglicht. Du mußt keine ähnlich schmerzhafte Zeit des Wachstums mehr befürchten. Der jetzige Zyklus wird sehr viel sanfter sein als der letzte. Das kontemplative und unbeteiligte Bild, das Du von Dir selbst hattest, ist bereits verändert worden zu dem eines Mannes der aktiven Erfahrung. Je mehr das ein Teil Deines menschlichen Bewußtseins wird, um so weniger wird Dir das, was ich zu Beginn unseres Gesprächs erwähnte, fremd erscheinen.

W: Ich merke auch, daß ich immer mehr an dem Geschehen der Welt teilnehme.

E: Erlaube Dir, den Mantel abzulegen, den Du glaubtest tragen zu müssen, und spüre von neuem die alte Erregung. Es wird nicht das untergraben, was Du anzubieten hast oder was Du und ich zusammen aufbauen. Es wird dadurch stärker werden. Es ist in der Tat eine Zeit der Neubelebung und Verjüngung, nicht nur für den Geist und den Körper, sondern für die Lebenskraft selbst. Ich danke Dir für Deine Liebe, mein Freund, für Dein Vertrauen in mich und unsere gemeinsame Verbindung. Daraus kann viel entstehen, nicht nur für Deine Entwicklung, die natürlich ein vorrangiges Anliegen von uns allen ist, sondern auch für die Arbeit, die wir gemeinsam tun werden.

Laß mich darüber nachdenken, wie wir den gegenwärtigen Zustand relativer Unbewußtheit verändern können. Doch zunächst möchte ich Dir das zugrundeliegende Konzept darlegen. Du bist Dir bewußt, daß wir beide existieren, und Du bist – ich bestehe mit all meiner Zuneigung darauf, daß Du das für Dich in Anspruch nimmst –, Du bist Dir dessen bewußt, daß ich häufig an Deiner Seite bin. Vielleicht kannst Du mich nicht deutlich wahrnehmen. Verlange es nicht, laß einfach das Wissen ein Beweis für die Wahrnehmung sein. Das wird Dir bei Deiner Suche nach Vertrauen und Aufrichtigkeit viel abverlangen. Es läßt sich viel lernen aus dem Satz: »Ich weiß es vielleicht nicht bewußt, aber ich weiß es.« Welche Stärke daraus erwachsen wird, kann ich Dir noch nicht verständlich machen. Wenn Du beginnst, diese neue Phase zu durchleben und Dein Geist vom Glauben zu Unglauben zu schwanken beginnt, was plötzlich geschehen kann, und Du sagst: »Was tue ich hier, ich weiß nicht, was ich hier tun soll, ich verstehe das alles nicht«, dann mußt Du aus Gewohnheit sagen können: »Mein bewußter Geist mag das vielleicht nicht verstehen, doch mein Herz und meine Seele verstehen es, und darum überlasse ich mich ihnen.«

W: Der ganzheitlich-orientierte Arzt, den ich konsultiert habe, sagt, daß zumindest meine Zellen die eines fünfundzwanzigjährigen Holzfällers sind, was bedeutet, daß mein Körper sich von einer ziemlichen Menge Gift befreit hat. Diesen Prozeß muß ich jetzt dadurch beenden, daß ich eine Menge alter Einstellungen ebenfalls aufgebe.

E: Genau. Du mußt nun zulassen, daß das, was Du so beharrlich geschaffen hast, zu wirken beginnt.

W: Ich muß mich von meinem Felsen erheben und mich um meine Herde kümmern.

E: Denke daran, lieber Freund, daß der junge Schäfer sich seiner nicht immer sicher zu sein braucht. Begeisterung, Liebe und die Schwingungen wahren Glaubens sind ausreichend.

W: Sprich weiter, Emmanuel, ich muß solche Dinge immer wieder hören.

E: Ja, mein Freund, das werde ich tun. Du hörst mich schon sehr viel häufiger. Ich bin sicher, daß Du Dir dessen bewußt bist.

W: Ja, Emmanuel, das bin ich, doch ich wünschte, es könnte noch häufiger geschehen. Ich vermute, ich bin unersättlich.

E: Ich sehe, wie entschlossen und willig der Geist in Dir ist, und es geht nun nur noch darum, die letzte Tür aufzuschließen. Genaugenommen ist sie bereits aufgeschlossen, und Du mußt nur noch zulassen, daß sie sich öffnet. Es ist, als würdest Du von neuem lernen zu gehen oder zu sprechen, als wärest Du nicht sicher, ob die Worte, die Du aussprichst, verstanden werden und ob Du sie richtig aussprichst. Es spielt keine Rolle, es spielt einfach keine Rolle. Du befindest Dich in einer Zeit des Wachstums und Du mußt Vertrauen haben. Übe nicht nur Geduld mit Dir selbst, sondern auch Nachsicht, denn Du wirst Dir nicht immer sicher sein. Das ist auch nicht notwendig, mein lieber Freund, hörst Du, das ist nicht notwendig, nicht für Dich. Du kannst aufgrund von Unzulänglichkeit irren, aufgrund von Unwissenheit oder Unerfahrenheit, aber nicht aufgrund von Verleugnung. Jetzt nicht mehr.

Es gibt viel zu tun in dieser Welt, die wir alle so sehr lieben, an diesem wunderbaren Ort des Lernens, der so vielen hervorragende Dienste geleistet hat. Die Welt liegt krank darnieder, sie ist nicht todgeweiht, aber doch leidend. Sie braucht Liebe, Unterstützung und Identifikation mit ihrem höheren Sinn und ihrem höheren Ziel.

Beklage nicht den Mißbrauch, der mit ihr getrieben worden ist, denn die, die kommen, kommen nicht nur mit Angst und Unwissenheit, sie kommen auch mit einem tiefen Verlangen nach Licht und Wahrheit. Heiße alle willkommen und urteile nicht, so schwierig es auch sein mag. Urteile nicht, sondern sieh alle, jeden einzelnen als ein Licht, das durch den Irrgarten und den Dschungel der eigenen Dunkelheit das Licht sucht.

W: Es scheint, als ob das Wichtigste, was ich den Menschen, die mit einer Krebserkrankung zu mir kommen, geben kann, die Einsichten sind, die ich durch ihre Erfahrung gewonnen habe.

E: Unbedingt, ohne sie könntest Du Deine Arbeit nicht tun. In einem symbolischen Sinne beginnst Du jetzt die Auseinandersetzung mit den Geldwechslern im Tempel. Du kannst nicht untätig oder übertrieben gutmütig bleiben, wenn Du einer selbstzerstörerischen Haltung gegenüberstehst. Das heißt nicht, daß Du der gestrenge Vater zu sein hast, ganz und gar nicht, doch es bedeutet, daß in Deiner Passivität, in Deinem vollkommenen Annehmen Deines Einsseins mit Gott, auch eine aktive herausfordernde Kraft enthalten sein muß.

W: Angenommen, Emmanuel, daß mir eine innere Stimme sagt, daß jemand nicht mehr weiterleben will.

E: Dann frage ihn, ob das wahr ist. Es wäre sehr mutig von Dir, wenn Du das tun würdest.

W: Würde er es denn wirklich wissen, Emmanuel, oder wäre die Wahrheit so tief verborgen, daß ein Mensch auch dann das Gefühl haben kann, vollkommen aufrichtig zu sein, wenn er die Frage verneint?

E: Ob das Bewußtsein sich beeilt, die Tür zu schließen, ist gleichgültig. Man hat Dich gehört, und auch wenn Du Widerwillen und Ablehnung in ihren Augen sehen magst, tief im Innern wissen alle die Antwort, und ihre Seele sagt entweder »ja« oder »nein«.

W: Wenn ich spüre, daß Menschen auf ihrer Seelenebene wirklich sterben wollen, Emmanuel, sollte ich dann trotzdem versuchen, ihnen zu helfen?

E: Wir kommen hier zu der Frage nach der Definition. Ihnen wobei helfen? Ihnen helfen, ihren Frieden zu finden, ihnen helfen, ihre Entscheidungen ohne Schmerz zu erleben? Selbstverständlich!

W: Selbst wenn es bedeutet zu sterben?

E: Deine Aufgabe ist es, ihnen zu helfen, lieber Freund, unabhängig davon, was ihre Seele entscheiden mag. Hilfe bedeutet nicht immer Heilung. Hilfe bedeutet Erziehung.

Die Schönheit einer Krankheit, die zu einer Krise führt, wie es bei Krebs der Fall ist, liegt darin, daß sie einen spirituellen Schnellkurs ermöglicht. Ich möchte hinzufügen, daß Du Deinen sehr gut bestanden hast.

W: Habe vielen Dank dafür, Emmanuel.

E: Der Dank gebürt mir nicht, mein Freund. Ich habe Dir nur das gesagt, was Du bereits wußtest und glaubtest.

W: Um noch einmal vom Erhabenen zum Banalen zu kommen, Emmanuel. Du wirst es nicht glauben, und ich selbst kann es kaum glauben, aber in den letzten Monaten hat sich ausgerechnet meine Prostata in einem Maß vergrößert, daß ich kaum noch Wasser lassen kann. Es besteht nun eine hohe Wahrscheinlichkeit, daß sie sich vollständig verschließen wird, und das würde natürlich eine Operation bedeuten. Nachdem ich nun fünf Jahre erfolgreich ohne Operation mit meinem Krebs gekämpft habe, scheint es mir jetzt wie ein schlechter Scherz, mich aus diesem beinahe frivolen Grund operieren zu lassen, und ich frage mich, ob es keinen anderen Weg gibt, damit fertigzuwerden.

E: Laß mich diese nebensächliche Sorge von Dir nehmen, damit Du weiter unbeschadet und ungehindert Deiner Arbeit nachgehen kannst. Es ist einfach lächerlich anzunehmen, daß nach all Deinen Mühen, Deiner Entwicklung, dem tiefen Glauben, den Du bis jetzt erworben und erreicht hast, Du weiterhin die Existenz einer solchen Störung zulassen könntest. Das, mein Freund, ist die Warnung, die ich Dir versprochen hatte. Woran hältst du fest? Warum glaubst Du, daß es wichtig sei, diesen wesentlichen Teil Deiner Männlichkeit zu verleugnen? Sprachen wir nicht darüber, daß Dein Körper jünger wird? Kannst Du nicht auch diesen Teil Deines Wesens dem Verjüngungsprozeß überlassen?

Es scheint einfach nicht zusammenzupassen, daß, während alles andere lebendiger und jünger wird – ja, ich möchte ausdrücklich jünger sagen –, Du weiterhin an diesem archaischen Bild von Dir als Mann festhältst. Laß uns einfach die ganze Geschichte beiseiteschieben, das ist alles.

W: Es ist nicht nur meine Prostata, Emmanuel. Ich kann auch kaum noch sehen. Mein grauer Star wird schlimmer. Ich beginne über Sachen zu stolpern, Leute anzurempeln, ich habe Schwierigkeiten beim Fahren und frage mich langsam, ob ich mich nicht einfach operieren lassen soll, um das alles hinter mich zu bringen, bevor ich mich verletze.

E: Noch nicht, lieber Freund, warte noch ein wenig. Wie Du aus unseren früheren Gesprächen weißt, ist ein grauer Star bloß ein Schleier, den man vor seine Augen zieht, um nicht die nackte Wirklichkeit dessen sehen zu müssen, was man sein Leben hindurch für unannehmbar hielt. Aber da du nun – etwas sprunghaft, wie ich hinzufügen möchte – lernst zu akzeptieren, was da ist, selbst angesichts der beängstigenden Krebserkrankung, die zum vorrangigen Brennpunkt der Negativität in der menschlichen Gemeinschaft geworden ist, besteht keine Notwendigkeit mehr, diesen Schleier zu behalten.

Da Du nun weißt, daß das, was Du siehst, veränderbar ist, und das aus eigener Erfahrung und nicht nur intellektuell weißt, worin ein wichtiger Unterschied besteht, und da nun eine Zeit beginnt, in der Du selbst in Deiner Arbeit das Instrument solcher Veränderung werden wirst, ist es nicht nötig, die Läden geschlossen und die Rolläden unten zu lassen. Laß uns nun einfach von der Möglichkeit ausgehen, daß dieser Schutzschirm sich von nun an allmählich auflösen und zersetzen wird.

Die Wahrheit ist, daß Du von Gottes ewiger Liebe sicher umhüllt bist. Laß sie durch jede Pore Deines Körpers eindringen und laß sie Dich heilen, laß sie dich beleben, laß sie Dein Herz immer weiter dem Vertrauen öffnen. Vertraue! Je mehr Vertrauen Du in Dir weckst, um so deutlicher und glaubwürdiger wird die Entscheidung, Gott anzugehören, um so mehr ist alles Licht und Schönheit. Keine Operation also, nicht bevor Du wirklich das Gefühl hast, daß es das ist, was Du willst.

W: Ich will es bestimmt nicht, Emmanuel. Du weißt, wie ich über Operationen denke.

Ich denke nur gerade daran, welche Harmonie zwischen Dir und mir besteht, Emmanuel. So häufig könnten Deine Worte meine eigenen sein. Ich glaube, manchmal sind sie es sogar.

E: Manchmal sind sie es, mein Freund, manchmal sind sie es. Gibt es mehr zu sagen? Ich glaube nicht.

17. April 1982

W: Ich weiß, daß es erst zwei Wochen her ist, seit ich das letzte Mal hier war, Emmanuel, aber es war eine sehr harte Zeit für mich, in körperlicher wie in emotionaler Hinsicht, vor allem in emotionaler Hinsicht. Ich hatte einfach das Bedürfnis, wieder mit Dir zu sprechen. Nun bin ich hier, und ich weiß nicht, wo ich beginnen soll, aber vielleicht fällt es mir leichter, über die körperlichen Schwierigkeiten zu sprechen, warum also nicht damit anfangen.

Es handelt sich wieder um meine Prostata. Der Zustand hat sich verschlechtert, nicht verbessert, wie ich gehofft hatte. Ich setzte also die Untersuchungen fort, die ich nach unserem letzten Gespräch unterbrochen hatte und ging zu mehreren Ärzten, von denen mir jeder etwas anderes sagte. Einer meinte, daß es weniger körperliche als emotionale Schwierigkeiten seien und ich mich nur etwas entspannen müsse. Ein anderer sagte, daß eine Verhärtung in der Prostata auf Bösartigkeit hindeuten würde, die Prostata aber in jedem Fall vergrößert sei und operiert werden müsse. Du weißt ja, wie ich darüber denke. Ein dritter sagte, daß die Verhärtung in der Regel ein Hinweis auf Bösartigkeit sei, eine Operation jedoch unnötig wäre, und gab mir ein Medikament, um die Schwellung zu verringern. Zum ersten Mal seit fünfeinhalb Jahren hat mir nun ein Arzt erklärt, daß mein Krebs wieder zu einem realen und bedrohlichen Problem geworden ist. Das beunruhigt mich.

E: Würde man Deine Prostata jetzt einer gründlichen Untersuchung unterziehen, so könnte man eine kleinere Ansammlung lästigen Gewebes finden, doch möchte ich nicht, daß wir uns durch eine Diagnose allzusehr beeindrucken lassen. Es ist gleichgültig, wie Du es nennst, es hat keine Bedeutung, und daher besteht kein Grund, daß die verwendeten Begriffe dich beunruhigen.

W: Danke für Deine freundliche Beruhigung, Emmanuel, doch ich bin nicht annähernd so beunruhigt über den Krebs oder darüber, ob ich leben oder sterben werde, wie darüber, was mit meinem tiefen und beständigen Vertrauen zu Dir geschieht. Als ich das letzte Mal hier war, sagtest Du mir, ich solle Dich diese lästige Störung von mir nehmen lassen und unbeschadet und ungehindert meine Arbeit fortsetzen. Ich hatte wirklich das Gefühl, es Dir überlassen zu haben, Emmanuel, und nun fühle ich mich kranker und eingeschränkter als je zuvor. Mir scheint, daß ich die Hälfte meiner Zeit damit zubringe, zur Toilette zu laufen, und die andere Hälfte mit dem vergeblichen Bemühen, Wasser zu lassen. Es wird immer schwieriger für mich, meiner Arbeit nachzugehen, und ich bin in einer schweren Glaubenskrise.

E: In Deiner Bereitschaft, Dich Kräften anzuvertrauen, die über Dein Bewußtsein hinausgehen, lieber Freund, mußt Du bereit sein, das zu verlieren, was Du zu gewinnen hoffst, das anzunehmen, was Du aufzugeben wünschst. Mit anderen Worten, man kann sich nicht hingeben und zugleich Forderungen aufrechterhalten. Man gibt sich hin, um das, was geschieht, geschehen zu lassen, und aus der Dualität dieses tiefen inneren Konflikts heraus besteht dieser Zustand in Dir fort, obwohl Dir versichert wurde, daß er sich auflösen würde, und er wird sich in der Tat auflösen. Es besteht kein Grund, sich große Sorgen zu machen, wohl aber dafür, bereit zu sein, den Willen der Seele geschehen und die Zukunft für sich selbst sorgen zu lassen. Ich nehme nichts von meiner früheren Behauptung zurück. Ich möchte nur hinzufügen, daß Du Zeit, Geduld und Bereitschaft zu dem beisteuern mußt, was ich Dir gesagt habe. Das ist nicht durch Erzwingen, sondern nur durch Aufgabe zu erreichen, doch wenn man aufgibt, muß man alles aufgeben, selbst die Hoffnung auf das, was man am meisten begehrt.

Wenn ich Dir sagte, daß Du in dem Augenblick, in dem Du Dich hingibst, vollständig geheilt wärest, so würde das dem eigentlichen Zweck zuwiderlaufen. Daher ist es notwendig, daß Du bereit bist, wahrhaftig bereit bist, Dich in dieser Situation allem, was geschehen mag, hinzugeben. Ich kann Dir mit gutem Gewissen sagen, daß dies keine lebensbedrohende Erfahrung ist. Es ist, um es so zu sagen, ein neuer Bereich, eine neue Arena, in der Du das üben kannst, wonach Du so lange in diesem Leben gestrebt hast, tiefes, unbedingtes und bedenkenloses Vertrauen. Du hast oft den Teil von Dir angefleht, der sich noch immer der vollständigen Akzeptanz widersetzt. Der Zweifel, mein Freund, der Zweifel. Wir haben häufig darüber gesprochen, Du und ich. Ist das nicht eine hervorragende Gelegenheit, den Zweifel aufzugeben, unabhängig davon, was Dir in Deiner menschlichen Gestalt zustößt und sich dafür zu entscheiden, Deiner knospenden Hingabe bis zu ihrer vollen Blüte zu folgen?

W: Das ist ein sehr schwieriger Gedanke, Emmanuel. Kannst Du ihn vielleicht noch einmal auf eine etwas andere Weise ausdrücken?

E: Natürlich, gern. Ich versuche Dir so klar, wie es mir möglich ist, mitzuteilen, daß die einzige Bedingung die ist, daß Du alle Bedingungen aufgibst. Selbst das Bedürfnis, der Wunsch, die Forderung, vollständig geheilt zu werden, so verständlich sie auch sein mögen, müssen aufgegeben werden. Wir sprechen hier von sehr subtilen Dingen. Es ist sehr leicht, dem Wunsch oder Versprechen eines anderen zuzustimmen, wenn man durch dieses Einverständnis die Garantie für das erwirbt, was man sich wünscht.

Doch Du sehnst Dich nun in den Tiefen Deiner Seele danach, die vollständige Hingabe an den Willen Gottes zu erfahren, und ich als Gottes Diener bin bereit, Dir die

Gelegenheit zu geben, d. h., einen Zustand kennenzulernen, in dem Du voller Gleichmut und Absichtslosigkeit gegenüber Deiner eigenen Heilung bist. Mit anderen Worten: Solange Du an einer bestimmten Vorstellung darüber festhältst, was Deiner Meinung nach geschehen sollte, verfehlst Du die vollständige Hingabe. Ist es nicht so?

Ich lehre Dich hier etwas sehr Wichtiges. Meine Absicht ist, den schwersten aller Gedanken in Dein Bewußtsein einzuführen, den Gedanken vollständiger Hingabe. Das ist der wahre Zweck Deines augenblicklichen körperlichen Unwohlseins, und darin liegt eine große Bedeutung für die Entwicklung Deiner Seele. Gemäß Deinem Wunsch und dem Rat der Geistwesen, die einer höheren Absicht dienen, biete ich Dir diese leuchtende und liebevolle Möglichkeit, alle Forderungen, alle Bedürfnisse und Wünsche hinsichtlich eines gewünschten Resultats aufzugeben und Dich statt dessen dem gänzlich Unbekannten anzuvertrauen und hinzugeben.

In all Deinen bisherigen Leben, in denen Du nach hervorragenden Leistungen und Siegen strebtest, bist Du erfolgreich gewesen; Du vergißt das häufig. Es hat nie eine Zeit gegeben, da Deine Seele etwas, um das sie sich bemüht hat, nicht erreicht hätte. Das ist gut und schlecht zugleich. Es kann eine sehr positive Wirkung auf das Gefühl des eigenen Wertes haben, und das Vertrauen darauf, in der äußeren Welt zurechtzukommen, stärken, was von großer Bedeutung dafür war, zu Deinem jetzigen Bewußtseinszustand zu gelangen.

Doch dann kommt der Augenblick, in dem alle Regeln auf den Kopf gestellt zu sein scheinen, und Du einen anderen Bereich der Existenz zu betreten glaubst. Dort scheinen die Fähigkeiten, die Dich dorthin gebracht haben, nicht nur überflüssig, sondern sogar hinderlich zu sein. Du bist nun an diesem Punkt angelangt. Deine Entschlossenheit war eine wunderbare Eigenschaft. Dein Lernen, Deine Entwicklung sind unschätzbar. Ich würde kein Jota daran ändern.

Doch nun ist ein neues Element in Dein Leben gekommen, und das ist der Beginn einer segensreichen Zeit. Wir alle, die wir Dich diesseits des Bewußtseins lieben und schätzen, sind sehr dankbar dafür, obwohl wir uns des Kampfes bewußt sind, den Du nun durchlebst. Sich dem Unbekannten hinzugeben, ist äußerst schwierig, jemand anderem das Ruder zu übergeben, war für Dich schon immer eine große Überwindung, und zu verzichten, ohne die Umstände oder das Ergebnis zu kennen, muß Dir wie die größte aller Herausforderungen erscheinen. Doch Du mußt schließlich lernen, nicht von Deinem eigenen Willen abhängig zu sein, sondern von einem Höheren Willen und den Kräften, die Dich zu dem Willen Gottes führen und Dich mit ihm verbinden.

W: Also ist dieses lächerliche Problem nichts anderes als eine hervorragende Gelegenheit, vollständige Hingabe zu lernen.

E: Richtig. Du bist zu der letzten Herausforderung in der Entwicklung der Seele gelangt, lieber Freund, und das ist ohne Frage die schwierigste von allen Aufgaben.

W: Wie demütigend, daß meine letzte Herausforderung mit etwas fast Frivolem zu tun hat.

E: Aber auch etwas sehr Passendem, lieber Freund. Für alle, die großen Gefallen an würdigen Schauspielen finden, wie Du und ich, wäre es sicherlich viel befriedigender, in eine Löwengrube zu springen, doch wie demütig, wie sanft ist es, sich der Menschheit in ihrer tiefsten Menschlichkeit anzuschließen, um dem Geist in seiner höchsten Weisheit, in seinem strahlendsten Licht zu begegnen.

Wir werden diesen demütigenden Weg gemeinsam gehen, lieber Freund, und zweifle nicht eine Sekunde daran, daß ich selbst den gleichen Weg gegangen bin. Ich bin ihn gegangen, und damals glaubte ich, daß es die größte menschliche Erniedrigung sei, und in Wahrheit war es der kürzeste Weg zum Licht. Und doch bleibt es ein teuflisches Problem, nicht wahr?

W: Du weißt, daß es das ist, Emmanuel, vor allem, weil ich nichts dagegen tun soll. Doch ich bin ziemlich sicher, daß sich bald eine Stimme melden und mir raten wird, praktisch vorzugehen und zu planen, mich z. B. um Ärzte zu kümmern, nur für alle Fälle.

E: Das ist in Ordnung. Handle so praktisch, wie es Dir nötig scheint.

W: Somit würde ich mich auf der einen Seite dem Willen Gottes hingeben, dem sich entfaltenden Plan, ohne zu wissen, worin er besteht, und mir auf der anderen Seite eigenwillig eine Strategie zurechtlegen, für den Fall, daß es doch nicht so läuft, wie ich es mir wünsche. Das sieht wie ein Widerspruch aus.

E: Überhaupt nicht, mein Freund, überhaupt nicht. Du bist in menschlicher Gestalt, um dem Geist Körper und Atem zu geben und um Deine menschliche Natur zu unterstützen. Während Du Deine spirituellen Aufgaben erfüllst, solltest Du sie gelegentlich würdigen, auch wenn sie den Anforderungen des Geistes nicht gewachsen ist. Verurteile Dich nicht selbst und beschränke Dich nicht in dem, was Du körperlich tust, während Du weiterhin die Hingabe übst.

W: Mit anderen Worten, soll ich die verschriebene Medikation einnehmen.

E: Wenn Du das Gefühl hast, daß Du sie brauchst, und in dem Bewußtsein, daß Du, wenn Du Deine Körperlichkeit würdigst, dadurch in keiner Weise den Geist verachtest.

W: Aber ist es nicht ein Zeichen von mangelndem Vertrauen Dir gegenüber, Emmanuel?

E: Wenn es Dir tatsächlich an Vertrauen mangelt, so wird es dadurch deutlich werden, doch wenn Du lediglich freundlich gegenüber einem Teil von Dir bist, der noch nicht zu vollständiger Hingabe fähig ist, dann muß das respektiert werden. Siehst Du, mein Freund, du lebst in zwei Wirklichkeiten, und gelegentlich ist es sehr schwierig, sie zusammenzubringen. Oft ist es auch gar nicht nötig, denn sobald Du das Stadium der Identifikation mit dem Physischen überwunden hast, was eine große Aufgabe, ein wichtiges Thema und ein sehr wertvolles Lernmittel ist, wird Deine Körperlichkeit nicht mehr den wesentlichen Teil Deiner Identität ausmachen. Du wirst Dich dann selbst sehr viel genauer kennen.

Wenn Du den Wunsch nach Hingabe verspürst und darauf vertraust, daß, was immer geschieht, göttlicher Wille ist und zu Deinem Besten geschieht, so wäre es äußerst unvernünftig von Dir, nichts zu unternehmen, wenn Dein Körper leidend und krank ist. Um Deine Bedenken zu zerstreuen, und ich berücksichtige die Schwierigkeit, diese Begriffe durch Worte zu verdeutlichen, erinnere Dich, daß Du Geist bist, mein Freund, erinnere Dich des wirklichen Bewußtseins des Geistes, und das, wonach Du Dich in Deiner menschlichen Gestalt sehnst, wird nicht zerstört oder beeinträchtigt werden, falls Dein physischer Körper nicht mehr in der Lage ist, den Anforderungen des Willens oder den Wünschen der Seele zu folgen.

W: Und doch ist diese lästige Störung ein sehr guter Weg, vollständige Hingabe zu lernen, Emmanuel, ein besserer sogar als der Krebs, denn sie ist mir ständig bewußt.

E: Mein lieber Freund, Du bist sehr streng mit Dir. Es ist keine Frage, daß Du letztlich Hingabe erreichen wirst. Es ist unnötig, das zu betonen, doch vielleicht verlangst Du etwas von Dir, was Du noch nicht leisten kannst. Wenn das der Fall wäre, so wäre es reine Grausamkeit, Dich selbst leiden zu lassen, und es würde Dich mit Sicherheit keinen Schritt näher zur Hingabe und zum Licht führen.

W: Nun, ich bin noch nicht bereit aufzugeben. Auch wenn es angenehm wäre, wenn der lästigste Teil meines Problems beseitigt werden könnte. Mit dem Krebs konnte ich wenigstens noch meiner Arbeit nachgehen, aber das jetzt ist nun wirklich sehr hinderlich.

E: Ich weiß, diese Kleinigkeit ist etwas ganz anderes. Sie ist zwar sehr unangenehm, aber so viel unbedeutender, so viel harmloser.

W: Und sie kann mir eine so wertvolle Lektion erteilen. Ich glaube, ich sollte ihr dafür dankbar sein.

E: Das solltest Du tatsächlich, lieber Wingate, denn sie ist nicht nur Dein Lehrer, sondern auch ein segenvoller Freund, der ein weiteres kostbares Geschenk für Dich bereithält.

17. August 1982

E: Ich möchte Dir meine Anerkennung aussprechen für die große Anstrengung, die Du unternommen hast, um zu unserem Treffen zu kommen, lieber Freund.

W: Es gibt Zeiten, da kann ich das Einssein wirklich spüren, Emmanuel. Vor allem während meiner Morgen-Meditation, die ich immer mit der Affirmation beginne, daß ich eine Seele bin, ein Geist, ein Bewußtsein, ein Körper, der aus strahlend leuchtendem Licht besteht, und daß ich mich Dir in sehr tiefer und inniger Weise verbunden fühle. Es scheint nur nie lange genug zu dauern.

E: Ich weiß, ich weiß. Doch das braucht seine Zeit, quäle Dich also nicht, und spanne Dich nicht selbst auf die Folter, wie Du es häufig tust. Wenn Dein gerade erwachendes Bewußtsein meiner täglichen Anwesenheit in Deinem Leben sich weiter entwickelt hat, wirst Du sehen, daß diese Erfahrung beständiger wird.

Wie auch immer, die Fähigkeit, sich voneinander zu entfremden, ist bei euch Menschen sehr viel stärker ausgeprägt als die Fähigkeit, in Beziehung zu bleiben, nicht nur mit uns Geistwesen, sondern, wie Du mir sicher beipflichten wirst, auch mit anderen Menschen. Es ist ein Schutzmechanismus, der überentwickelt worden ist, und daher wird das Auf-andere-Zugehen sehr viel anstrengender, sehr viel schwieriger werden und mehr Mühen verlangen als das, was Dir nun als negative Fähigkeit der Entfremdung erscheint.

Doch es gab auch Zeiten, da Du in einem Maße mit

anderen Menschen in Beziehung standest, wie Du es jetzt gern wieder erleben möchtest, lieber Freund. Es gab Zeiten, da Dich das Leben reichlich belohnte, Deine Seele sich entwickelte und Dein Bewußtsein wuchs und voller Frieden war. Dann gab es wieder Zeiten des Rückzugs oder des Zweifels, in denen Du in einem engeren Bewußtsein und in weniger Frieden lebtest, doch nie wieder ganz so wie früher. Das Bewußtsein ist immer in einem Zustand des Vibrierens und Fließens, denn es besteht immer die Notwendigkeit zu wachsen, sich auszudehnen, und man kann nicht erwarten, daß es unverändert bleibt, auch wenn dies Frieden, Wohlergehen und Licht bedeuten würde.

Greife nach meiner Hand, wann immer Du im Laufe des Tages daran denken magst, und sei versichert, daß ich sie ergreife. Auch wenn Du es nicht immer spüren wirst, so wird es doch Zeiten geben, da es Dir gelingen wird. Vertraue diesen Gelegenheiten, doch laß auch Deine Menschlichkeit pulsieren, laß Dein Bewußtsein sich ausdehnen. So ist es schon immer gewesen, und ich kann, selbst für Dich, diesen Vorgang nicht verändern. Wenn die Erweiterung des Bewußtseins beschleunigt würde, so wäre dies äußerst unangenehm. Die Verbindung mit Deinen menschlichen Anteilen würde verlorengehen, und das wäre qualvoll. Laß Dir deshalb die Zeit, zu Deiner Menschlichkeit zurückzukehren. Wenn Du das akzeptiert hast, wird es Dir leichter fallen, die Zustände des erweiterten Selbst zu erreichen. Folgst Du mir so weit?

W: Ja, Emmanuel, selbstverständlich folge ich Dir.

E: Die Neigung, sich von dem Licht, der Fülle, der Freude und Vollendung fortzubewegen, ist dem Menschen bis in seine molekulare Struktur hinein zu eigen. Im menschlichen Bewußtsein ist der Glaube verwurzelt, daß in dem Augenblick, wenn die Vollendung erreicht ist, wenn man bis an die Grenze der eigenen Fähigkeiten vorgestoßen ist, sich eine Tür auftut und man vom Dunkel verschluckt wird.

Auch der Aberglaube, daß man, um zu wachsen, etwas zurücklassen muß, ist in die menschlichen Überzeugungen eingewoben, in die Sprache der Menschheit als die Idee des Todes. Vielleicht nicht als Tod im vollständigen physischen Sinne, aber doch immerhin als Tod, und das ist im menschlichen Denken immer etwas, das vermieden werden muß. Daher ist bei all Deinen Bemühungen, diese Neigung zu überwinden, und die Möglichkeiten Deines Wesens auszuschöpfen, doch noch immer dieser Teil von Dir vorhanden, der Dir zuflüstert: »Aber das wird mein Ende, meinen Tod bedeuten.« Tatsächlich wird ein Teil von Dir zurückbleiben, oder besser verwandelt werden, während Du voranschreitest, was für Dein menschliches Bewußtsein gleichbedeutend mit Tod ist. Habe deshalb Geduld mit Dir, mein Freund, habe Geduld. Wir sprechen oft miteinander, Du und ich, und wir werden in Zukunft noch häufiger miteinander sprechen. Gestehe Dir auch Zeiten der Stille zu, Zeiten der Fragen und des Zweifels und sogar Zeiten, in denen die Tür sich wieder schließt. Versuche nicht mit Gewalt etwas daran zu ändern, laß es einfach geschehen.

W: Auch wenn ich diese Momente des Einsseins über alles schätze, ist es mir angenehmer, wenn im Gespräch mit Dir ein Gefühl der Verschiedenheit zwischen uns besteht und Du entweder neben mir oder dicht vor mir bist. Woher kommt das?

E: Das ist sehr einfach, lieber Freund. Das ist die normale Anordnung in einer Unterhaltung, wenn Du so willst, und es ist angenehmer für Dich, die Worte auf eine Entfernung von etwa einer Armlänge zu hören. Wenn man jedoch einen inneren Dialog halten kann, was ein sehr schöner und bedeutender Schritt für Dich wäre, dann vollzieht sich unser Gespräch nicht mehr über Worte, sondern es wird einfach ein tiefes Wissen der Wahrheit bestehen, das eine Trennung zwischen uns überflüssig macht.

Und nun, mein lieber Freund, möchte ich, daß Du Dir

ein Schloß vorstellst oder eine heilige Stätte, wenn Du möchtest, auf der Spitze eines fernen Hügels. Stelle Dir vor, es sei ein Ort, zu dem Du gehen kannst, ein Ort an dem Du Dich aufhalten kannst, solange Du ein Mensch bist. Du weißt, wie die Gesetze der Manifestation wirken, nicht wahr?

W: Ja, Emmanuel, ich habe sie sogar schon gelehrt.

E: Richtig. Dann verstehst Du, warum ich Dich bat, Dir dieses Gebäude vorzustellen, was natürlich der erste Schritt zu seiner Erbauung ist. Entwerfe es und richte es ein, wie Du es Dir wünschst, bevölkere es mit wem Du magst. Beschränke in keiner Weise Deine Träume, Deine Visionen, Deine Sehnsüchte, lieber Freund, denn sie sind sicher ein äußerst wichtiger Teil Deiner Kraft als menschliches Wesen, um Deine eigene Freude und Erfüllung in dieser, der wichtigsten Deiner menschlichen Existenzen zu schaffen. Was willst Du haben, was wünschst Du Dir? Sobald Du Dir darüber im klaren bist, was Dir die größte Freude bereiten würde, was Dich am meisten erfüllen würde, biete all Deine Kraft auf, damit Du es mit Deinen Augen sehen kannst.

W: Aber ich habe bereits eine heilige Stätte auf einem Hügel, die alle meine Wünsche erfüllt, Emmanuel. Sie hat einen Garten, in dem man spazierengehen kann, mit Bäumen und Felsen, Farnkraut, Moos, einem Teich, zu dem Vögel kommen, um darin zu baden, und einem besonderen Raum voller Pflanzen, Stille und Licht, in dem man meditieren kann. Und das alles im Herzen New Yorks, denn Du wirst mir zustimmen, daß das der Ort ist, an dem ich am meisten gebraucht werde. Wenn ich mit dem einen einzigen Ziel in dieses Leben gekommen bin, die vollständige Hingabe an den Willen Gottes zu lernen, dann scheint es mir ein wesentlicher Teil zu sein, ein guter Partner zu werden und daran mitzuwirken, diesen Willen und den sich entfaltenden Plan auf jede mir mögliche Weise zu erfüllen. Das läßt für meine eigenen Wünsche und Sehnsüchte keinen Platz mehr.

E: Aber der sich entfaltende Plan äußert sich Dir als Wunsch.

W: Das weiß ich, Emmanuel, ich habe trotzdem das Gefühl, daß mich alles drängt, mich ganz der Hingabe zu widmen. Darum habe ich meine Wünsche, zumindest für den Augenblick, zurückgestellt, denn es ist zu verwirrend, mit beiden zur gleichen Zeit umzugehen.

E: Wenn Du von Hingabe sprichst, mein lieber Freund, so wird recht deutlich, daß Du Dich danach sehnst, Dich einem Höheren Willen zu übergeben, um mit dem unermeßlichen Frieden und der unermeßlichen Freude, die dieser Hingabe innewohnen, erfüllt zu werden. Um Dein ersehntes Ziel schneller zu erreichen, möchte ich Dir vorschlagen, Deinen Weg zu kennzeichnen, indem Du einzelne Schritte oder Übungen, die Dich dorthin führen, visualisierst. Dies kann in Form einer Zeremonie sein, und wenn es so ist, laß den höchsten Zweck dieser Zeremonie deren Ablauf bestimmen.

Eine solche Übung für Dich könnte darin bestehen, Dir in Deinem Meditationsraum um einen Kreis herum angeordnete Stufen vorzustellen, von denen Dich jede dem Zentrum und dem besonderen Ort Deiner Hingabe näher bringt. Dort sollst Du sitzen und Dich allem öffnen, was Dir in diesem Augenblick aus der Welt der Geistwesen gegeben wird.

Die Zeit bietet Dir eine weitere Möglichkeit, Hingabe zu üben. Jedesmal, wenn Du Dir der Zeit bewußt wirst, ob die Zeit nun günstig ist oder nicht, sprich zu Dir selbst: »Gut, das ist es, was in diesem Augenblick geschieht, deshalb will ich es in diesem Augenblick annehmen, genau in diesem Augenblick.« Gib Dich der Wirklichkeit dieses Augenblicks hin. Bleibe im Fluß der Zeit und tue, was immer nötig ist, um den Zweck des Augenblicks zu erfüllen.

Solch einfache Übungen werden Dir helfen, Deine Aufmerksamkeit auf die Hingabe zu richten, und sie davor bewahren, ihre Richtung zu verlieren, obwohl sie natürlich letztendlich keiner Richtung bedarf. Dein Verständnis reicht jedoch zur Zeit noch nicht so weit, und aus diesem Grund ist es besonders wichtig für Dich, die Hingabe in Deiner Vorstellung und durch Strukturierung verschiedener Aspekte Deines Lebens, wie ich es Dir gerade vorgeschlagen habe, zu vollziehen.

W: Und doch bleibt noch immer ein Rest, Emmanuel. Nach so vielen Leben, in denen ich mein eigenes Schiff gesteuert habe, und meistens dort angelangt bin, wo ich sein wollte, und das bekommen habe, was ich wollte, fällt es mir nicht leicht, das Ruder ganz aus der Hand zu geben. Trotzdem ist das alles, was ich mir wünsche, also frage mich bitte nicht, wie ich diese heilige Stätte ausstatten möchte. Ich möchte nichts mehr für mich selbst manifestieren. Ich weiß, wie ich es tun kann, ich weiß, wie ich die Gesetze der Manifestierung anwenden kann, doch ich möchte sie nicht gebrauchen, um zu bekommen, was ich will, sondern um zu bekommen, was Du und der Rest meiner Seelen-Familie wollt. Das, was Gott will.

E: Ich verstehe, mein lieber Freund, doch ich möchte zuerst noch ein kleines Mißverständnis ansprechen. Bei der Tüchtigkeit, mit der Du es in Deinem Leben zu Wohlstand gebracht hast, hast Du Deinen eigenen göttlichen Anteil völlig aus den Augen verloren und Deinen materiellen Erfolg statt dessen den Fertigkeiten eines sehr beschränkten Teils Deines Wesens zugeschrieben. Mit anderen Worten, wenn Du versuchst, mehr über Gottes Plan und die allgemeine Notwendigkeit Deines ganz besonderen Schaffens zu erfahren, wäre es gut, Deine eigenen Fähigkeiten, Bedürfnisse und Wünsche als Mensch nicht vollständig zu verleugnen.

Beides geht Hand in Hand oder verhält sich zueinander wie Hand und Handschuh, und wenn Du Dir die Hand als das menschliche Wesen vorstellst, das Du bist und den Handschuh, der sie umgibt, als den Göttlichen Willen, so kann Dir das helfen, Dich nicht nur dem äußeren Willen, sondern auch Deinem eigenen Willen hinzugeben und ihm ein klein wenig mehr zu vertrauen.

Obwohl Du sehr schön in Deiner physischen Welt den äußeren Glanz gezeigt hast, der von Deinem inneren Frieden und Deiner inneren Freude zeugt, bestehen noch immer Zweifel darüber, ob Du in Einklang mit dem Höheren Willen gehandelt hast. Siehst Du denn nicht, mein lieber Freund, daß, je mehr Du Dich der göttlichen Führung öffnest, desto mehr sie jeden Aspekt Deines Daseins durchdringt bis zu dem Augenblick, den Du so sehnsüchtig erwartest, an dem nichts, was Du denkst, nichts, was Du erlebst, von Deinem Verlangen, den Größeren Plan zu lobpreisen und ihm zu dienen, verschieden sein wird. Würde es Dich beruhigen zu erfahren, daß dies bereits in beträchtlichem Ausmaß in Deinem Leben verwirklicht worden ist?

W: Das würde es ganz bestimmt, Emmanuel, das tut es bereits.

E: Nun zu der Frage, wie Du die heilige Stätte einrichten sollst. Ich schlage Dir vor, Dich zu fragen, was Dir in ästhetischer, spiritueller, physischer und mentaler Hinsicht gefallen würde. Warum solltest Du nicht an der Freude teilhaben? Warum nimmst Du an, daß das Werkzeug nur Werkzeug sein darf und nicht auch Teil der Freude? Dir mag im Augenblick noch nicht klar sein, wo sie ist oder was genau damit zu tun ist oder wann du sie erreichen wirst – nun, das ist schon in Ordnung. Laß es so, wie es ist und bleibe dort, wo Du bist, übe und entwickle weiter die Gewohnheit der Hingabe bis zu der Zeit, da von Dir verlangt werden wird, Deine jetzige heilige Stätte aufzugeben und zu einer anderen zu gehen. Tatsächlich wirst Du es von

Dir selbst verlangen, und Du wirst freiwillig gehen, ohne zu fragen.

W: Im März hast Du erwähnt, daß wir beide mit einer neuen Art der Fotografie zu tun haben würden, die für meine Arbeit mit Menschen, die an Krebs erkrankt sind, große Bedeutung haben wird. Ich habe mich dem nur langsam genähert, denn es haben sich andere Möglichkeiten eröffnet, die den größten Teil meiner verfügbaren Zeit in Anspruch genommen haben. Außerdem, lieber Emmanuel, verstehe ich nicht so ganz, was diese neue fotografische Technik leisten soll.

E: Sie wird einiges leisten, lieber Freund. Sie wird die Reaktion in der Aura auf jede Unstimmigkeit im Körper zeigen – mit anderen Worten, es werden alle die Regionen sichtbar werden, die sich geweigert haben, die verfügbare Weisheit zu assimillieren, oder keinen Weg gefunden haben, das zu tun, die sich von dieser Weisheit entfernt haben und daher erkrankt sind.

Sie wird denen, die danach trachten, sich von diesen Krankheiten zu befreien, die weitreichende Wirkung verdeutlichen, die diese innere Weigerung hat, sei sie nun bewußt oder unbewußt. Sie wird zeigen, daß es notwendig ist, mit sich in Einklang zu sein, um das Bewußtsein der verschiedenen Körper zu synchronisieren, die nebeneinander leben müssen, solange sie in menschlicher Gestalt sind. Sie wird den Weg für die Entwicklung weiterer diagnostischer Methoden weisen und Techniken ermöglichen, die diese Unstimmigkeiten zum Stillstand bringen und aufheben.

Denke auf diese Weise darüber nach, mein Freund. Wenn es einen sichtbaren Beweis dafür gibt, daß die Energien des Körpers an einem bestimmten Punkt in Unordnung geraten sind und daher nicht mit dem Bewußtsein des Wesens fließen, dann wird das einen großen Schritt vorwärts bedeuten. Es würde sowohl den Vertretern der Heilberufe als auch den Patienten bewußt machen, daß es eine Seele und einen Sinn in allen Dingen gibt, und daß sie, wenn sie in der Krankheit den Sinn suchen würden, statt nur danach zu streben, die körperlichen Beschwerden zu beseitigen, vollständige Heilung erreichen könnten. Wenn Kranke in der Lage wären, den Sinn ihrer Krankheit zu ergründen, so könnten sie entscheiden, ob sie Wohlbefinden und Gesundheit aufgeben wollen zugunsten der Annehmlichkeit ihrer ursprünglichen Blindheit und Illusionen. Sie könnten sich dafür entscheiden, das, was ihnen ein Ort der Sicherheit zu sein schien, zugunsten ihres Wachstums und ihrer Gesundheit zu verlassen.

Mit anderen Worten, diese Fotografien werden sehr deutlich zeigen, wo eine Störung besteht und welchen Sinn sie hat, nicht nur auf der physischen und psychologischen Ebene, die von großer Bedeutung sind, sondern auch auf der spirituellen Ebene. Vergiß nicht, lieber Freund, daß Du ein Mann des Geistes bist. Du bist nicht nur hier, um Krankheiten auf diese Weise zu diagnostizieren und zu heilen, sondern vor allem, um Deiner Arbeit mit der Seele den Hauch der ewigen Wahrheit und des ewigen Lichts zu geben.

W: Weißt Du, Emmanuel, ich fange an, Krebs und andere lebensbedrohende Krankheiten, zumindest was die Menschen betrifft, die zu mir kommen, als Angelhaken Gottes zu begreifen. In dieser Situation besteht eine solche Bereitschaft für spirituelles Wachstum, daß es mehr für mich zu tun geben muß, als ihnen nur mit ihren körperlichen Beschwerden zu helfen.

E: Unbedingt. Sie kommen nicht nur, um über Krebs zu sprechen, und der Krebs hat nicht nur den Sinn, sie krank zu machen.

W: Ich hoffe, Du hast bemerkt, daß ich »mein Problem« nicht einmal erwähnt habe.

E: Ich bin mir dessen wohl bewußt, mein Freund. Ich bin mir dessen wohl bewußt.

W: Ich sehe es jetzt als ein wunderbares Geschenk, als eine wunderbare Gelegenheit für mich, vollständige Hingabe zu lernen. Weil ich es auf diese Weise erlebe, habe ich wirklich das Gefühl, den Raum erreicht zu haben, von dem Du sprachst, in dem vollkommene Gleichmut und Teilnahmslosigkeit herrschen gegenüber allem, was geschehen mag oder wie es geschehen mag. Ich hatte überhaupt nicht den Wunsch, irgend etwas an der Situation zu ändern, da sie mich ständig daran erinnerte, mich hinzugeben, immer wieder hinzugeben.

Doch im Hinterkopf hatte ich immer den Gedanken, daß es eines Tages schlimmer werden könnte und mir dann nichts anderes übrig bleiben würde, als zur Operation ins Krankenhaus zu gehen. In der letzten Nacht wäre das fast geschehen, und ich mußte die äußerst unangenehme Erfahrung machen, das irgend etwas in mir sich noch immer der Operation widersetzte, und das hat mich wirklich getroffen, Emmanuel.

E: Mein lieber Freund, Du warst ein sehr fordernder und strenger Lehrer für diesen sehr störrischen und lernunwilligen Teil Deiner selbst. Es ist bemerkenswert, wie Du Dich selbst bewußt durch Zeiten großer Hoffnung und Verzweiflung, der Enttäuschung und des Glaubens zur äußersten Wirklichkeit geführt hast. Hier bist Du nun, und obwohl Du viele ungewöhnliche Dinge in Deinem Leben erlebt hast, gibt es doch eindeutig einiges in Deinem Leben, ja unter anderem sogar Deinen eigenen Körper, über das Du keine vollständige Kontrolle hast. Laß uns einen Augenblick in tiefer Dankbarkeit und Andacht verharren, denn wenn das anders wäre, hättest Du glauben können, daß die Sterblichkeit, die in der Tat die Unvollkommenheit Deines menschlichen Wesens ist, sich in Vollkommenheit verwandelt hätte. Dies kann nie geschehen, denn durch die Manifestierung Deines menschlichen Wesens in physischer Form hast Du die Unvollkommenheit geschaffen, die Du nun zu beseitigen versuchst.

Glaube fest daran, daß, was immer schließlich das Ergebnis sein wird, in der Tat gerechtfertigt ist, und erfreue Dich daran, daß Du endlich in der Lage bist, den Gipfel des Verständnisses zu erreichen, wo es, wie Du ganz richtig sagst, ohne Bedeutung ist, was geschieht oder wie es geschieht. In dem Augenblick, in dem Du diesem Gipfel so nahe bist, wie es Deine Unvollkommenheit erlaubt, wirst Du sehen, daß es in der Tat keinen Unterschied macht, ob Du Dich operieren läßt oder nicht. Ich kann Dir nicht versprechen, daß es dann zu einer Wunderheilung kommen wird, denn in dem Fall wäre die Hingabe bloß ein Trick, ein Mittel zum Zweck, und das darf und kann es nie sein, denn sobald etwas so Positives und Erleuchtetes zu einem Werkzeug wird, verliert es sein Licht, wie Du ja bereits weißt, und wird zu einer Manipulation. Folge daher Deinem Bewußtsein und laß geschehen, was immer geschieht. Wenn die Zeit kommt und Du das Gefühl hast, Dich operieren lassen zu müssen, dann soll es geschehen. Was kann es noch ausmachen. Schließlich ist es nur Teil der Unvollkommenheit, die Du so vollkommen dargestellt hast.

W: Aber der Gedanke, ins Krankenhaus zu gehen und mich operieren zu lassen, löst noch immer dieses kleine kindische Gefühl der Panik in mir aus, Emmanuel, und ich frage mich, ob Du mich nicht in Deinen Gedanken und in Deinem Herzen bewahren und von Zeit zu Zeit Deinen Arm um mich legen kannst.

E: Natürlich, lieber Freund. Betrachte es als geschehen.

W: Ich danke Dir, mein Freund, und möge ich mehr und mehr unser Licht, unsere Liebe, unsere Freude und unser Ziel kundtun.

E: Deine Bereitschaft, die tiefe und ernste innere Verbindlichkeit wird Dir den Weg zeigen. Gott segne Dich.

11. Oktober 1982

W: Vermutlich klingt es merkwürdig, Emmanuel, vor allem angesichts meiner augenblicklichen Umstände, aber ich fühle sehr stark, daß mein Leben gerade ganz von vorn beginnt, auf einer ganz neuen Ebene des Verstehens.

E: Es ist überhaupt nicht merkwürdig, mein Freund. In Wirklichkeit beginnt das Leben jeden Augenblick des Tages von neuem. Es gibt auch kein endgültiges Ende des Lebens, wie Du weißt. Selbst im Tod nicht, der lediglich eine Zeit des Übergangs ist, der Eintritt in eine neue, größere Wirklichkeit.

Es ist auch nicht so, daß sich Zeiten der Gesundheit und der Krankheit abwechseln; das Bewußtsein geht durch verschiedene Stufen des Lernens, das ist alles. In dem Augenblick, in dem sich der Gedanke des Lernens gegenüber der Angst und Besorgnis durchsetzt, kommt es zu einer vollständigen Veränderung des Stoffwechsels im Körper. Ob das nun zu einer Befreiung von dem Körper führt – was nichts Schlechtes oder Furchtbares ist – oder in eine Heilung übergeht, hängt von dem Ziel der Seele ab und davon, was sie lernen, erfahren oder verwirklichen soll. Es sollte in der Tat in jedem Heilungsvorgang für die Seele die Möglichkeit geben, sich zu lösen, den Tod als annehmbare Alternative und nicht als Niederlage zu begreifen. Wenn der Tod eine Niederlage wäre, wer könnte dann in eurer Welt gewinnen? Niemand. Man wäre mit tönernen Füßen geboren, nur um sich auf ihnen durch ein Leben voller Schrecken bis zur endgültigen Niederlage hinzuschleppen. Was für eine verzerrte, erschreckende und schmerzhafte Vorstellung ist das, und wieviele leben immer noch in dieser alptraumhaften Wirklichkeit. Du, mein Freund, bist mit der Fähigkeit gesegnet, die Schreckensvisionen derer, die zu Dir kommen und in Zukunft noch zu Dir kommen werden, zu verändern. Preise dieses menschliche Potential, die Fähigkeit von Körper und Seele, Krankheit und Gesundheit zu verwandeln. Du bist ein ausgezeichnetes Beispiel dafür, denn Du hast diese Fähigkeit in wunderbarer Weise genutzt. Sprich auch von der Wichtigkeit der Liebe und des Lernens für das Erfassen dieser weiteren Wirklichkeit, die den Menschen offensteht. Wer würde sich vor Krebs oder einer anderen Krankheit fürchten, wenn er das wüßte, was du weißt; daß der Tod nur eine weitere Ausdehnung des Selbst ist und ein Ort, an dem es schöner ist, sobald man die Aufgabe der Seele im physischen Bereich erfüllt hat. Wo immer und wann immer Du kannst, sprich von diesen beiden Dingen. Es wird sehr hilfreich sein und nicht angst machen, sondern Sicherheit spenden. Für Dich war die Hingabe der Schlüssel dazu.

W: Hingabe ist ein schönes Wort, Emmanuel.

E: Das ist es in der Tat. Doch für die meisten ist es verzerrt durch ihre Vorstellungen, daß Hingabe für sie nicht Freude an der erweiterten Wirklichkeit bedeutet, die sie in Wirklichkeit ist, sondern Gegenstand tiefen Mißtrauens und großer Angst. Wie bedauerlich und wie weit verbreitet ist es, daß der menschliche Intellekt das gütigste und wunderbarste innere Empfinden Gottes in etwas Geschmackloses, Schwaches und Entartetes verwandeln kann, bloß weil es so einen großen Unterschied zwischen der wahren Bedeutung des Wortes »Hingabe« und seiner rein intellektuellen Bedeutung gibt. Diese führt zu einem Aberglauben, der, wie ich Dir zugestehe, sich häufig aus der menschlichen Erfahrung nährt, daß der, der sich hingibt, verloren ist. Doch Du und ich, lieber Wingate, sind uns einer anderen Bedeutung von

Hingabe bewußt, und das sollte ein sehr wichtiger Teil Deiner Lehre sein.

W: Ja, denn es ist nicht so, als würde man eine weiße Fahne hissen und sich einem stärkeren Feind ergeben. Es bedeutet, sich einem geliebten Wesen zu öffnen, mit freudvollem Herzen und dem tiefen Wunsch, dem Göttlichen Willen und seinem sich entfaltenden Plan zu dienen. Die Freude scheint mir ein wesentlicher Bestandteil zu sein, Emmanuel. Vielleicht habe ich mir, um meine eigene Hingabe zu verstärken, vorgestellt, ich säße in einem Boot auf dem Fluß des Lebens und öffnete mich ihm und dem sich entfaltenden Plan immer mehr. Ich stelle mir vor, wie ich gleichzeitig mit ihm fließe und zusammenwirke und dabei voller Glück singe »Row, Row, Row Your Boat« und tatsächlich auch Ruderbewegungen ausführe. Nicht mit viel Kraft, nur ganz leicht. Und ich bewege mich mit dem Strom, statt wütend gegen ihn anzukämpfen, wie ich es bisher gewohnt war.

E: Oder Deinen Anker hinter Dir herzuschleifen und ängstlich über Deine eigene Schulter zu schauen. Doch es gibt auch eine natürliche menschliche Neugier, es muß keine Sorge sein, wie der nächste Schritt aussehen wird, was die nächste Entscheidung mit sich bringen wird, usw. Das ist die Würze des Lebens, und sie wird hoffentlich nie verschwinden.

W: Ich frage mich, was wäre, wenn ich über meine Schulter schaute und einen Felsen erblickte, Emmanuel. Wahrscheinlich wäre ich noch immer versucht, daran vorbeizusteuern.

E: Weil der Felsen Dir angst machen würde. Stell Dir vor, Du könntest in diesem Augenblick zu Dir sagen »Da ist ein Felsen. Ich frage mich, was Gott mit mir vorhat«.

W: Mit offenem Herzen und einem Gefühl der freudigen Erwartung. Das ist es, worum es bei der Hingabe geht, nicht wahr?

E: Ja, doch so oft begleitet sie ein finsteres Gesicht. Du gibst Dich hin und wirst ans Kreuz geschlagen.

W: Wie Jesus. Für ihn war das Kreuz der letzte Fels, nicht wahr?

E: Unglücklicherweise werden seine Hingabe und die inneren Vorgänge seines Bewußtseins übersehen, die voller Erregung, Liebe und Erwartung ausdrückten: »Da ist es nun, ich frage mich, was Gott nun für mich bereithält.« Wir sehen nur sein Leid, und das ist bedauerlich. Denn auch, wenn er gelitten hat, so war er doch in der Erwartung, zu Gott aufzufahren, voller Freude.

W: Es wird etwas gewesen sein, durch das er hindurch mußte. Wie wäre es sonst zu erklären, daß der größte aller Meister, der die Toten zum Leben erweckte, auf dem Wasser ging und als Junge die Priester im Tempel verblüffte, nicht den geringsten Versuch unternahm, aus dem Garten Gethsemane zu entkommen, wo er doch im voraus wußte, daß er verraten und von den Soldaten verhaftet werden würde? Wie wäre es sonst zu erklären, daß er nicht den geringsten Versuch unternahm, sich zu verteidigen, als er vor Pontius Pilatus gebracht wurde? Er hat nicht versucht, den Fels zu umschiffen.

E: Ja, warum ausweichen, wenn das Ziel beinahe erreicht ist?

W: Es scheint fast, als seien meine zwei Probleme Felsen, die auch ich nicht umschiffen soll, Emmanuel. Beide haben sich verschlimmert, in einem Ausmaß, daß sie anfangen, meine Arbeit zu behindern, und ich weiß nicht, wie lange ich das ohne Operation aushalten werde, auch wenn sie mir immer noch unsinnig erscheint. Doch wenn es geschehen soll, muß es einen Grund dafür geben, es muß einen Sinn geben, und es muß eine Lehre darin verborgen sein. Es muß Teil des Plans sein, ein Teil dessen, was ich erfahren soll. Doch ich habe immer noch nicht das Gefühl, daß es Zeit ist, aufzugeben oder mich zu öffnen und die Operation durchführen zu lassen, was ich doch, wenn es irgendwie möglich ist, vermeiden möchte.

E: Ich bin mir dessen wohl bewußt, lieber Freund, und ich möchte betonen, daß Selbstheilung für Dich möglich ist, wie Du bereits mit Deinem Krebs bewiesen hast. Ich möchte Dir daher einen Rat geben, was ich sonst nicht häufig tue, zumindest nicht in dieser Weise, doch das Potential ist vorhanden; Du kannst damit beginnen, die betroffenen Stellen Deines Körpers sehr sanft zu berühren, indem Du mit Deinen Fingern Kreise auf ihnen beschreibst, ganz leicht und mit viel Gefühl, Liebe und Hingabe an Deinen eigenen Wert als Mensch, Lehrer und Diener Gottes. Während Du diese Stellen sanft berührst, sieh in ihnen den Rest Deiner vergangenen Verfehlungen, wenn ich es in Ermangelung eines besseren Wortes so nennen darf. Ziehe immer langsamer kleiner werdende Kreise über diesen Stellen, bis sie in Deinem Bewußtsein zu winzigen schwarzen Punkten werden. Suche dann in Deinem Herzen die Weisheit, die diese winzigen Punkte als Erinnerung an Dein menschliches Wesen fortbestehen läßt. Es macht nichts aus, wenn keine sofortige Reaktion auf diese täglichen Übungen erfolgt. Dieser Weg ist vielleicht nicht so melodramatisch wie mancher andere, aber das beständige sanfte Kreisen und Verkleinern der betreffenden Stellen wird auf anschauliche Weise die Struktur Deiner eigenen Energieströme neu ordnen, und es ist sehr wahrscheinlich, daß die Schwingungen, die wirklich in Deiner menschlichen Hülle existieren, zu den kranken Stellen gelangen werden und eine Linderung oder sogar ein Verschwinden der Symptome und schließlich eine

Heilung bewirken werden. Wenn Du beginnst, diese Kreise zu ziehen, so tue das mit der größtmöglichen Liebe zu Dir selbst und zu der Beschaffenheit Deines Körpers und stelle Dir vor, wie die Stellen, für die Du Dich immer noch verantwortlich fühlst, immer kleiner und kleiner und kleiner werden.

Ich will damit nicht sagen, daß man in der Lage sein muß, sich selbst alles zu verzeihen. Das ist etwas höchst Wünschenswertes, aber es ist nicht nötig, um eine Heilung zu erreichen. Täusche Dich vor allem nicht in einem, lieber Freund, es gibt keine Fehlfunktion in Eurer menschlichen Welt, die nicht durch das Bewußtsein der Seele geheilt werden kann. Es ist schwer, diese Wahrheit zu akzeptieren, wenn man selbst krank ist, denn man neigt dann leicht dazu, sich vorzuwerfen, daß man es besser hätte wissen oder tun müssen und daß man irgendwo versagt hat oder nicht das getan hat, was man hätte tun sollen. Auch wenn ich mit Dir über diese Dinge reden kann, lieber Freund, wäre es sehr schwierig, sie den Menschen zu vermitteln, die zu Dir kommen, denn möglicherweise sind sie in ihrer Entwicklung nicht weit genug fortgeschritten, um ihr Leiden zu lindern oder mit dem Gefühl des Versagens oder der Schuld umzugehen, das auftauchen kann, wenn man erfährt, daß man etwas hätte tun können, es aber offensichtlich nicht getan hat.

W: Ich weiß nicht, ob ich nicht trotzdem das Gefühl haben werde, als hätte ich versagt, wenn ich eines Tages zur Operation ins Krankenhaus muß, lieber Emmanuel. Wahrscheinlich werde ich glauben, daß ich uns beide enttäusche. Außerdem scheint mir eine Operation nichts zu sein, aus dem ich viel Lehrreiches für mich ziehen kann.

E: Und doch sage ich Dir, mein Freund, falls Du Dich eines Tages dazu entschließen solltest, ins Krankenhaus zu gehen, wird es keine Niederlage sein. Du wirst große Belehrungen erhalten und geben, und wir werden dort bei Dir sein.

W: Mir gefällt der Gedanke, »Euch« bei mir zu haben. Es ist sehr ermutigend für mich, daran zu denken, genau wie damals als Du mir sagtest, »wir werden diesen Weg gemeinsam gehen, mein Freund, und Du wirst siegreich sein«.

E: Laß mich für einen Augenblick Deine Hand nehmen, lieber Freund, die rechte Hand, denn sie enthält in sich die Kraft der Offenbarung. Lege deine Hand auf die Stirn derer, denen Du helfen möchtest, und lege Deine linke Hand gleichzeitig auf ihren Hinterkopf. Das ist eine Methode der Gedankenumwandlung, durch die das innere Bewußtsein derer, die zu Dir kommen, schnell verändert werden kann. Du brauchst nichts zu sagen. Bleibe so lange, wie Du es für nötig hältst, in dieser Stellung, in einem Zustand der Offenheit und der Andacht, und laß uns, die wir Dir beistehen, der in Not geratenen Seele Anregungen geben. Es werden keine Worte gewechselt werden, aber das ist auch nicht nötig. Was geschieht, ist im wesentlichen Seelenarbeit auf einer sehr tiefen unbewußten Ebene, und das kann unmittelbar die Offenbarung oder Einsicht bewirken, die benötigt wird. Es kann sofort geschehen oder zu einem späteren Zeitpunkt des Tages oder auch in Form eines Traums oder gar nicht, falls die Bereitschaft dafür fehlt.

W: Früher wäre es mir sehr schwergefallen, mich so vollständig einem anderen Willen auszuliefern, Emmanuel. Doch nun nicht mehr. Ich habe mich bereits dem Einen Willen hingegeben, der der einzige Wille sein sollte, und der sich durch Dich und mich und jeden anderen ausdrückt, der bereit ist, ihn zu erkennen.

E: Genau. Selbst diejenigen, die vielleicht weniger fortgeschritten und weniger selbstbewußt sind und die in der Dunkelheit umherirren, selbst sie sind Ausdruck des Göttlichen Willens.

W: Ich erlebe viel Widerstand, wenn ich so etwas sage.

E: Das ist nur verständlich, denn es ist in der Tat verwirrend. Wenn man in einem bestimmten Ausmaß eine menschliche Welt der Gegensätze akzeptiert hat, in der gleichzeitig Dunkelheit und Licht, Gut und Böse bestehen, und wenn man dann erfährt, daß auch die Dunkelheit auf ihre Weise dem Einen Willen folgt, muß einfach Widerstand entstehen, weil es bedeutet, daß weder die Dunkelheit noch destruktive, boshafte und grausame Menschen negativ sind. Und obwohl es wahr ist, kann man doch erst gegen Ende seines Wiedergeburtszyklus diese Sicht der Dinge erreichen.

W: Es gibt so vieles, für das ich Dir dankbar sein muß, Emmanuel, so vieles, das ich jetzt anbieten kann.

E: Sicher gehört auch die Würdigung Deines früheren Leidens dazu.

W: Sie macht einen großen Teil davon aus.

E: Einen sehr großen Teil.

W: Zufällig veranstalte ich heute abend ein Krebs-Seminar, und ich habe vor, es damit zu beginnen, daß ich von dieser Würdigung spreche und verdeutliche, daß auch, wenn alles anders verlaufen wäre, wie es einige Male den Anschein hatte, es immer noch ein Segen gewesen wäre, obwohl ich froh bin, daß es so gekommen ist.

E: Es ist Dir bestimmt, weiterhin in Deiner menschlichen Gestalt zu bleiben, um anderen diese Botschaft überbringen zu können. Doch wärest du genauso glücklich gewesen, Deinen Körper verlassen zu können.

W: Um ohne diese Glasscheibe, die uns noch trennt, bei Dir sein zu können. Es ist wunderbar, sich darauf freuen zu können.

E: Auch ich freue mich darauf. Aber noch ist die Zeit nicht gekommen. Noch hast Du Deine Aufgabe zu erfüllen.

W: Ja, vielleicht meine beste, meine wichtigste Aufgabe.

E: Sie steht Dir noch bevor, sie steht Dir wahrhaft noch bevor.

2. Februar 1983

E: Trotz Deiner wachsenden Bereitschaft, Deine menschliche Natur zu lieben, lieber Freund – und Du hast hier in der Tat große Fortschritte gemacht –, scheint es Dir doch manchmal, daß Dein Menschsein möglicherweise den spirituellen Kräften entgegenwirkt, die Du jeden Tag stärker entwickelst. Gehe freundlich mit Deiner menschlichen Natur um, mein Freund, gehe freundlich mit ihr um. Sie hat einen weiten Weg hinter sich. Sie hat viel Hervorragendes geleistet. Du solltest ihr vertrauen, statt ihr mit Mißtrauen zu begegnen, denn selbst in ihrem Unvermögen und ihrer Blindheit kann sie ein wertvoller Teil des Ganzen sein, bis sie sich schließlich zu ihrer verdienten Ruhe zurückzieht.

Ein Mensch zu sein, ist nichts Demütigendes, doch ihr Lichtwesen, die ihr dem Willen Gottes folgen wollt, findet es lästig und unangenehm, dauernd darüber zu stolpern. Wenn es nicht mehr als Straucheln, sondern als eine freudvolle Begegnung aufgefaßt wird, vielleicht als eine Vereinigung von Teilen, die Du vergessen hattest, wie ein altes Fotoalbum, etwas, das man mit Liebe wiederentdeckt, etwas das man genießen kann, dann wird der Prozeß Deiner Verwandlung schnell voranschreiten.

W: Ich fürchte, daß es zwei oder drei Bilder in diesem Album gibt, denen ich mein Herz nicht öffnen kann, Emmanuel.

E: Ich weiß, lieber Freund, aber, und das mag für Dich hart klingen, die Erfahrung der Unvollkommenheit soll Dich lehren, nach Liebe zu streben, nicht nach Vollkommenheit. Wenn es jemandem gelingt, in einer wenig liebevollen Welt zu lieben, hat er viel erreicht, glaubst Du nicht? Doch es beginnt und endet mit den Gefühlen, die Du Dir selbst entgegenbringst.

W: Das Gebot, das ich am meisten schätze, sagt mir ja auch, was das für Gefühle sein sollten, doch ich fürchte, ich war nicht fähig, mich oder den sich entfaltenden Plan oder beides in ausreichendem Maß zu lieben. Auf jeden Fall habe ich endlich den Felsen der Operation erreicht, der sich seit einiger Zeit vor mir abzeichnete, und der Strom, von dem ich hoffte, daß er mich sicher um ihn herum tragen würde, hat mich statt dessen mit Getöse auf ihn geworfen.

Zuerst hat mir mein Augenarzt Mitte Dezember eröffnet, daß die Linse in meinem rechten Auge, auf dem ich ohnehin kaum noch etwa sehe, hauchdünn geworden sei und entfernt werden müsse, bevor sie beginnt, eine giftige Flüssigkeit abzusondern. Also mußte ich ins Krankenhaus gehen und diesen Eingriff vornehmen lassen. Zur gleichen Zeit verschlechterte sich der Zustand meiner Prostata so sehr, daß sie meiner Arbeit und meinen Plänen immer mehr im Weg stand, so daß ich nach Weihnachten ins Krankenhaus zurückging, um mich noch einmal operieren zu lassen.

Du weißt, Emmanuel, auch wenn ich mich bereits vor Monaten, oder sogar schon vor Jahren, dem Gedanken an eine Operation geöffnet hatte, so bestand doch ein großer Unterschied zwischen der Hingabe an den Gedanken der Operation und der Hingabe an die Operation selbst. Ich habe vor der ersten Operation viel meditiert und gefastet und war ruhig und offen und sogar neugierig während des Eingriffs, der unter örtlicher Betäubung durchgeführt wurde. Ich bin sogar eingeschlafen, als es etwas langweilig wurde.

Nach einem für mich so großen Sieg konnte ich es kaum erwarten, mich und die Tiefe meiner Hingabe in der weitaus ernsteren und schwereren Prostata-Operation zu prüfen.

Ich bereitete mich in der gleichen Weise darauf vor. Zu meiner Freude war ich auch genauso offen und hingebungsvoll wie vorher. Das letzte, woran ich mich noch erinnern kann, bevor die Betäubung zu wirken begann, war, daß ich laut mit dem Chirurgen und seinem Operationsteam lachte. Ich weiß, du hast einmal gesagt, wenn ich mich je operieren ließe, so wäre das eine große Belehrung für mich und zugleich auch für die Ärzte und Krankenschwestern, und Du hattest vollkommen recht damit, genauso ist es gewesen. Zumindest bestätigten sie mir später, daß es für sie eine besondere Erfahrung gewesen sei.

Für mich war es auf jeden Fall eine unglaubliche Erfahrung. Ich war in der Lage, mich so hinzugeben, daß ich wirklich das Gefühl hatte, das ist es nun, endlich habe ich es geschafft, endlich habe ich die vollständige Hingabe erreicht. Doch dann dauerte es nur wenige Tage, Emmanuel, bis ich begriff, daß ich noch einiges an Hingabe zu leisten hatte und daß etwas nicht in Ordnung war.

Meine Prostata machte mir gelegentlich Schwierigkeiten, was nach einer Operation nicht ungewöhnlich ist, meine Sehkraft war auch nicht gerade überragend, was ebenfalls nach einer solchen Operation nicht ungewöhnlich ist, doch es machte mir keine Schwierigkeiten, beides zu akzeptieren. Auch als man mir sagte, ich habe noch Krebs, war das kein Problem für mich. Du und ich wußten es ohnehin schon. Doch als mir die Kontaktlinsen angepaßt wurden, bemerkte mein Arzt etwas, das auf einen Gehirntumor hindeutete. Er veranlaßte sofort ein Computertomogramm, das einen Gehirntumor genau über der Hypophyse bestätigte. Das war nun allerdings ein Problem. Da hatte ich gerade geglaubt, ich hätte mich um alle meine körperlichen Schwierigkeiten gekümmert, wenigstens um alle wichtigen, und dabei vollständige Hingabe gelernt, und statt dessen hatte ich, kein Mensch weiß wie lange schon, einen Gehirntumor, der sehr schnell wachsen und mein Leben beenden konnte. Obwohl ich mich schon wegen meines Krebses mit dem Tod angefreundet hatte, sah es nun so aus, als ob ich mich wirklich damit vertraut machen mußte, was zu meiner großen Überraschung nicht annähernd so schwierig war, wie ich geglaubt hatte. Ich hatte erneut ein Geschenk bekommen, Emmanuel, vielleicht das größte Geschenk von allen, und diesmal hatte ich wirklich das Gefühl, es geschafft zu haben, wirklich meine schwerste Lektion gelernt zu haben. Endlich war ich in der Lage, alle meine Erwartungen aufzugeben, und sobald das geschehen war, verschwanden alle meine Ängste wegen des sich entfaltenden Plans und darüber, was aus mir werden sollte. Ich habe mich nie so glücklich und frei gefühlt, Emmanuel. Es war einfach eine unglaubliche Erfahrung, und wenn die Zeit kommt, werde ich bereit sein. Doch jetzt bin hier und ich bin sehr glücklich.

E: Und das ist in der Tat eine große Leistung. Ich bin sehr stolz auf Dich. Du bist in dieses Leben gekommen, um Hingabe zu lernen, und es ist Dir, weiß Gott, gelungen.

W: Weiß Gott.

E: Ich wußte, daß Du es kannst. Ich wußte, daß, wenn die Würfel gefallen und die Karten verteilt worden sind, Du, wenn Du so willst, auf der Gewinnerseite sein würdest und Du bist es nun wirklich. Ich bin ziemlich sicher, daß der Tumor sich auf natürliche Weise auflösen wird. Ich sehe in der Tat keinen Anlaß für ihn, fortzubestehen, es sei denn, Du siehst darin einen Weg, Dich eilig davonzumachen.

W: Nein, nein, Emmanuel, danach ist mir überhaupt nicht zumute. Es war ein großer Segen, eine große Lehre, wie alles andere, was mir passiert ist, nur viel größer, aber es scheint, als habe der Tumor seinen Zweck erfüllt, und, wie Du schon bei unserem letzten Treffen sagtest, mir bleibt noch viel Arbeit, mir bleibt noch unsere Arbeit zu tun. Erst wenn sie beendet ist, ganz gleich, ob das zwei oder zweiundzwanzig Jahre in Anspruch nehmen wird, wird die Zeit des Sterbens und unserer lang ersehnten Zusammenkunft im

Reich der Geistwesen gekommen sein. In der Zwischenzeit will ich bloß ein guter Partner sein, und in meiner Meditation habe ich gefragt, wie ich das am besten tun könnte. Die Belehrung, die ich erhalten habe, lautete, zuerst den Fortbestand der Seelengemeinschaft zu sichern, was ein äußerst wichtiges Anliegen ist, und zweitens einen Teil der Freude, die ich gerade erlebe, auf mein Buch zu übertragen, um es so annehmbarer zu machen.

E: Genau, denn schließlich bist Du nicht nur hier, um zu den wenigen zu sprechen, die bereits wissen, sondern auch, um die vielen zu gewinnen, die immer noch suchen.

W: Ich habe bereits mit beiden Vorhaben begonnen, Emmanuel, und ich komme sehr gut voran. Ich habe das Gefühl, große Fortschritte zu machen. Erinnerst Du Dich daran, wie ich im letzten August davon sprach, daß ich mir Deiner Gegenwart und der meiner Seelen-Familie immer bewußter werde und das Gefühl hätte, wir würden uns verbinden, verschmelzen und eins werden? Nun, ich fühle das jetzt sehr viel tiefer, so stark, daß es manchmal kein »ich« mehr gibt, sondern nur noch ein »wir«. Das »wir« wird zwar wieder zum »ich«, doch ist es dann ein viel größeres und weiteres »ich« als vorher. Es ist, als ob ich außerhalb von mir selbst existierte, Emmanuel. Es ist ungeheuer aufregend, denn ich habe schon lange geglaubt, wie Du ja auch weißt, daß dies der Weg sei, auf dem der nächste Schritt in meiner Entwicklung erfolgen würde, wenn ich ab einem bestimmten Punkt nur durch das Einswerden mit den anderen Seelen bewußter werden würde, und daß dieses Verschmelzen und Vermischen, das ich erlebt habe, immer weitergehen würde, bis schließlich ich und die Welt, getrennt und gemeinsam, zu der Einen Seele würden, und daß dies alles geschähe, ohne daß das Gefühl für das »ich bin« verlorenginge.

E: Richtig. So wie ich jetzt vor Dir sitze, bin ich alles, was Du bist, und alles, was Du Dir vorstellen kannst zu sein, solange Du noch einen physischen Körper hast. Doch wenn Du zur nächsten lebendigen Erfahrung voranschreitest, welche natürlich frei von körperlichen Begrenzungen sein wird, wirst Du sehen, daß es eine Art des Bewußtseins gibt, die zugleich vollständiges Einssein und vollständige Individualität erlaubt. Mit anderen Worten, das sich erweiternde Bewußtsein einer Person löscht nicht die Individualität anderer aus, es umfaßt sie. Das macht den anderen Seelen, mit denen man sich vereinigt, nicht ihr Gefühl der Individualität streitig, es schafft einfach ein Einssein, innerhalb dessen die Vereinigung stattfinden kann.

Es hat schon immer Verwirrung darüber gegeben, ob man im nächsten Leben Individuen begegnet oder ob man sie als Teil seines eigenen Selbst erlebt, und die Wahrheit ist natürlich, daß beides geschieht. Wir bestehen in unserer Individualität fort bis zu dem äußersten Moment der vollständigen, stillen Verschmelzung mit Gott. Habe Geduld mit mir, lieber Freund, es ist sehr schwierig und oft unmöglich für mich, in der menschlichen Sprache etwas auszudrükken, das außerhalb der Begrenzungen dieser Sprache liegt.

W: Ich weiß, lieber Emmanuel, doch ich glaube, ich habe Dich auf diese besondere Weise gehört, die der Sprache oder intellektuellen Verstehens nicht mehr bedarf, weil wir dann beide eins sind und unsere Verständigung nicht so sehr durch Worte, sondern durch Wissen erfolgt.

E: Durch Sein.

W: Ja, durch Sein, wie bei einem indianischen Powwow (Versammlung), bei dem alle im Kreis sitzen und ihre Pfeife rauchen und dann wie auf ein Zeichen gemeinsam aufstehen, ohne ein Wort gesprochen zu haben und doch genau wissen, was besprochen und was beschlossen worden ist.

E: Richtig, denn im Zustand des Seins sind alle Dinge eins, und wenn wir miteinander verschmelzen, entsteht dieses wunderbare Wissen, das über Worte hinausgeht, und zum Glück gibt es vieles, was über Worte hinausgeht, denn wie Du ja selbst immer stärker in Deiner Arbeit erlebst, können Worte aufregend und erhellend, doch auch zugleich einschränkend sein, und daher umgehen wir sie, Du und ich.

W: Obwohl es sehr ermutigend ist, von Zeit zu Zeit Deine Worte zu hören, lieber Emmanuel. Sie stärken meinen Glauben, mein Vertrauen und mein Wissen.

E: Ja, ich verstehe das, lieber Freund, doch es sind nicht meine Worte, die Dir Wissen vermitteln, Dein Wissen erlaubt es Dir, meine Worte zu verstehen.

W: Wie immer es auch funktioniert, hat das, was Du gesagt hast, mich tief berührt, Emmanuel, und nicht nur, weil es meine eigene Intuition darüber bestätigt, wie der nächste Schritt, der übernächste Schritt und alle folgenden Schritte bis in die unendliche Zukunft hinein aussehen werden, sondern auch, weil es mich sehr bewegt hat, mir vorzustellen, daß jeder seinen eigenen Emmanuel hat, seine eigene Seelen-Familie und er sich darauf freuen kann, sich ihrer bewußt zu werden und sich mit ihnen zu verbinden, zu verschmelzen und eins zu werden.

Etwas im Zusammenhang mit dem Einssein hat mich jedoch überrascht, Emmanuel. Es gibt Dich dann nicht mehr. Ich werde nicht mehr Deine Hand nehmen oder mit Dir reden können, es wird keine Zusammenkünfte mehr mit Dir geben. Es gibt dann nur noch mich, und ich weiß nicht, ob ich dafür schon bereit bin, zumindest nicht die ganze Zeit.

E: Ich weiß. Darum weise ich euch liebe Seelen an, euch selbst zu lieben, denn dann werdet ihr sehen, daß es ausreicht, mit euch selbst zu sein, ja sogar, daß euer Selbst allumfassend werden wird und wir so wieder zusammenkommen werden.

W: Es ist jetzt viel leichter, mein Selbst zu lieben, da Du und die anderen Mitglieder der Seelen-Familie ein Teil davon seid. Trotzdem ist es immer noch wichtig für mich, Dich an Deinem alten, gewohnten Platz, hier zu meiner Rechten, zu wissen, obwohl es mich verwirrt, mit Dir eins zu sein und gleichzeitig verschieden von Dir zu sein.

E: Es ist einfach so, daß ein Teil von Dir das Bewußtsein von Zeit und Raum aufgegeben hat, während ein anderer Teil noch immer an diesem Bewußtsein festhält. So erlebst Du mich gleichzeitig als eins mit Dir und als verschieden von Dir, und beides ist richtig. Laß mich vorerst bei Dir sitzen und zugleich eins mit Dir sein. Das ist kein Widerspruch, es sind nur verschiedene Perspektiven. Es ist alles eins, lieber Freund, es ist alles eins. Erkenne die Kraft, die jetzt in Dir ist, und mache Dich mit dem göttlichen Wesen vertraut, das Du in Wahrheit bist, denn nur dann kann unsere Arbeit wirklich beendet werden.

W: Ich sage immer häufiger Dinge, die ich vor wenigen Jahren oder sogar noch vor wenigen Monaten nie hätte sagen können, und Du weißt, woher diese Worte stammen, Emmanuel.

E: Von uns beiden.

W: Ja, von uns beiden. Wie glücklich bin ich, Dich als meinen Freund und Lehrer zu haben, Emmanuel, liebster Freund und Lehrer. Mein Leben wäre ohne Dich nicht das gleiche.

E: Schwer erworbener Verdienst wird nie verblassen. Du hast Dir Deinen Frieden, Deine Freunde, Deine Ausgelassenheit und Deinen Erfolg voll und ganz verdient. Dein Leben ist ein Festmahl, und nun bist Du zur Nachspeise gekommen. Genieße sie, teuerster Freund, genieße sie.

Nachwort

Das Gespräch im Februar 1983 war das letzte, das Wingate in Westport führte. Emmanuels Channel hörte auf, private Sitzungen zu geben, und Wingate stand nun vor der Herausforderung, seine innere Verbindung mit Emmanuel zu vertiefen, wozu dieser ihn bereits in ihrer sechs Jahre dauernden Beziehung ermuntert hatte.

Ich hatte meine Arbeit mit ihm gerade wieder aufgenommen, als der letzte Dialog stattfand. Die Nachricht von seinen beiden Operationen und dem Gehirntumor hatte mich erschüttert. Er war ungewöhnlich ruhig und im Einklang mit sich selbst und ging seinen alltäglichen Beschäftigungen in fröhlicher Stimmung nach. Wenn ich zu unseren morgendlichen Treffen erschien, hatte er bereits seine tägliche Zusammenkunft mit Emmanuel vollzogen, zwei Stunden geschrieben und gefrühstückt. Er begrüßte mich mit einer herzlichen Umarmung und einem Lächeln, voller Freude über die Arbeit, die vor uns lag.

Das war vor einem Jahr. Seitdem hat er sein Buch, »Tilling the Soul«, beendet und herausgegeben. Sein Gehirntumor und die übrigen gesundheitlichen Probleme haben sich nicht weiter verschlimmert. Er ist nicht nur von geistiger Leichtigkeit und Freude durchdrungen, die ich früher nie bei ihm gesehen hatte, auch sein Körper, der eine Quelle großen Leidens gewesen war, ist wiedererstarkt, und er hat nun die Vitalität eines um zwanzig Jahre jüngeren Mannes.

Nach all seinen zahlreichen Erfolgen glaubt er, daß seine wichtigste Aufgabe, ein Leben des Dienens, nun vor ihm läge.

Goldmann
Taschenbücher

Allgemeine Reihe
Unterhaltung und Literatur
Blitz · Jubelbände · Cartoon
Bücher zu Film und Fernsehen
Großschriftreihe
Ausgewählte Texte
Meisterwerke der Weltliteratur
Klassiker mit Erläuterungen
Werkausgaben
Goldmann Classics (in englischer Sprache)
Rote Krimi
Meisterwerke der Kriminalliteratur
Fantasy · Science Fiction
Ratgeber
Psychologie · Gesundheit · Ernährung · Astrologie
Farbige Ratgeber
Sachbuch
Politik und Gesellschaft
Esoterik · Kulturkritik · New Age

Goldmann Verlag · Neumarkter Str. 18 · 8000 München 80

Bitte
senden Sie
mir das neue
Gesamtverzeichnis.

Name: _____

Straße: _____

PLZ/Ort: _____